Die schönsten Motorrad-Touren

Süddeutschland

16 ausgewählte Traumrouten

INHALTSVERZEICHNIS

INHALTSVERZEICHNIS

Süddeutschland ist eine Kurve

Spricht man von Süddeutschland, meint man vor allem Bayern und Baden-Württemberg. An Selbstbewusstsein mangelt es in den beiden traditionsreichen und wirtschaftsstarken Bundesländern ebenso wenig wie an hervorragenden Motorradstrecken. »Mir san mir«, sagen die Bayern, und die Schwaben ergänzen mit einem Anflug von Selbstironie: »Mer kennet alles, blos kei Hochdeutsch«.

So einmütig das klingt, sind die Unterschiede der beiden Länder und ihrer Bewohner freilich groß. Fast noch ausgeprägter als in anderen Ecken Deutschlands findet man im Süden der Republik ein spannendes, vielfältiges Mosaik an Bräuchen, Mentalitäten und Dialekten, die durch die Geschichte, das Klima und die Topografie der jeweiligen Region geformt wurden. Vor allem das eindrucks-

volle landschaftliche Repertoire Süddeutschlands fordert zum Motorradfahren geradezu heraus – eine scheinbar endlose Kurvenpartie!

Wälder, Seen und Kuckucksuhren

Wir starten unsere Entdeckungsreise durch Süddeutschland im Schwarzwald.

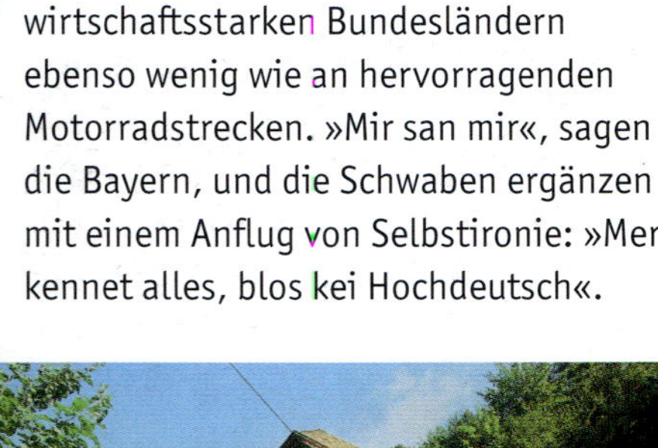

Geologisch gesehen gehört der 200 Kilometer lange und 60 Kilometer breite Gebirgszug im äußersten Südwesten zum gleichen Massiv wie die Vogesen in Frankreich. Nur der Rheingraben trennt beide Gebirge voneinander. Geschützte Hochmoore, verwunschene Seen, tiefe Schluchten, mächtige Wasserfälle, malerische Städtchen und nicht zuletzt fast 1 500 Meter hohe Berge, wie etwa der stolze Feldberg, prägen das Landschaftsbild und garantieren besonders reizvolle, abwechslungsreiche Motorradtouren (Route 1 bis 6).

Ihr immenser Holzreichtum brachte den Schwarzwäldern neben anderen Rohstoffen einst Wohlstand, und die weiten, ausgedehnten Wälder machen noch heute die touristische Attraktivität der Region aus. Mit über 20 Millionen Übernachtungen pro Jahr ist der Schwarzwald sogar das beliebteste Feriengebiet in Deutschland, und das nicht nur bei Motorradfahrern.

Feste feiern

Feiern und Party machen ist eine der Stärken der agilen Badener. Das Zelt-Musik-Festival (ZMF) in Freiburg etwa ist seit Jahren eine feste Größe im städtischen Kulturprogramm, das Burgfest auf der Burg Altwindeck im Bühlertal versetzt seine Besucher alle zwei Jahre zurück ins Mittelalter und die Ötigheimer Festspiele locken an den Sommerwochenenden Tausende in Deutschlands größte Freilichtbühne. Hinzu kommt

eine Vielzahl an Bikertreffen in der Schwarzwaldregion, wie das Motorrad-Treffen in Oberwolfach oder das Black-Forest-Motorbike-Weekend in Todtnau.

Am Schwäbischen Meer

Die mediterrane Schönheit des Boden-see, auch »Schwäbisches Meer« ge-nannt, verdanken wir eiszeitlichen Glet-schern. Nach dem Balaton und dem

Genfer See ist der Bodensee der dritt-größte See Mitteleuropas. Es ist also durchaus verständlich, dass die Anrai-ner mit Stolz von ihrem »Meer« spre-chen. Neben ihren landschaftlichen Reizen bieten Oberschwaben und die Bodenseeregion Motorradfahrern aber vor allem auch eine Vielzahl kultureller Highlights. Und immer scheinen wäh-rend der Fahrt die Alpen zum Greifen nah (Route 7 bis 8).

Bayerische Paradiese

Nun endlich Bayern. Dramatische Berg-landschaften, saftiges Grün und kris-tallklare Seen unter weißblauem Him-mel buhlen auf den Routen 9 bis 11 um die Gunst der Tourenfahrer, die sich über Passstraßen schrauben und durch grandiose Kurven schlängeln. Schlös-ser, Wallfahrtskirchen, Klöster und urige Dörfer locken entlang der Stre-cken mit Kunst, Kultur und barockem Charme. Geranien leuchten, beschaulich

bimmeln die Glocken der Zwiebeltürme und die rehbraunen Kühe machen das Bild einer harmonischen bayerischen Welt perfekt. Wer sich erfrischen will, findet fast auf jeder Route Gelegenheit zum Sprung ins kühle Nass – oder in einen der vielen gemütlichen, schattigen Biergärten. Hier sollte man unbedingt auch eine der typischen bayerischen Spezialitäten kosten. Zu den »Schmankerln« zählen knuspriger Schweinsbraten und Schweinshaxen, deftige Blut- und Leberwurst sowie die einzigartigen Weißwürste. Diese aber bitte nur vor 12 Uhr bestellen und natürlich nicht mit Messer und Gabel essen – sonst »outen« Sie sich unweigerlich als Tourist.

Doch so schön der Süden Oberbayerns auch sein mag, dieses TourBook führt nicht nur über die Bilderbuch-Berghänge der Voralpen, sondern auch zu den Hopfengärten der Hallertau und der Karstlandschaft des Naturparks Altmühltal (Route 12 und 13), die Einblicke in ein anderes, spannendes und oft noch ursprünglicheres Bayern geben.

Bikerpark Bayerischer Wald

Ein ganz besonderer Genuss sind Touren im Bayerischen Wald (Route 14 bis 16), die auch über die tschechische Grenze hinweg in den Böhmerwald führen. Das stille Waldgebirge geizt nicht mit spannenden, kurvenreichen und einsamen Motorradstrecken. Der Gipfel des Großen Arbers erreicht eine Höhe von 1 456 Meter, gleich daneben lädt der Nationalpark Bayerischer Wald zu einem Besuch der einzigartigen Wildgehege mit Bären, Luchsen und Wölfen ein.

Schwarzwald
Bergleute, Glasbläser, Bierbrauer
Wolfach-, Kinzig- und Neckartal
1

(A) **Ausgangsort**
Freudenstadt (72250)

(E) **Zielort**
Freudenstadt (72250)

 128 km

 ★★★

 ★★★

Straßentypen (in Prozent der Streckenlänge)

75	25

■ Landstraße/asphaltierte Nebenstraße
■ Bundesstraße/Schnellstraße

Diese Tour können Sie mit Route 3 kombinieren.

i **Freudenstadt Tourismus**
Marktplatz 64
D-72250 Freudenstadt
Tel. 074 41/86 40
touristinfo@freudenstadt.de
www.ferien-in-freudenstadt.de

(→ *weitere Adressen siehe Seite 186*)

Diese Tour bedient sportliche Schräglagenfreunde ebenso wie gemütliche Cruiser. Neben kurvenreichen Strecken steht auch viel Natur und Kultur auf dem Programm. Vor allem alte Schwarzwald-Traditionen kann man entdecken und erleben, beim Besuch einer Silbermine etwa oder auf dem Flößerfest in Wolfach. Durch das einsame, abseits der großen Straßen liegende Wolfachtal geht es zurück zum Ausgangspunkt Freudenstadt.

Route 1
Frankfurt
Mainz
Saarbrücken
FRANK-REICH
SÜD-DEUTSCHLAND
Stuttgart
München
TSCHECH. REP.
SCHWEIZ
ÖSTERREICH
Griesbach
B28
L96
B28
Christophstal
B294
B462
E
A
Freudenstadt
1
Wittlensweiler
Aach
B28
Dornstetten
B28a
Schopfloch
Altheim
Hohwiel 643
L409
2
B28a
Horb
L404
L405
B462
B294
Glatten
B14
Dettingen
Ihlingen
Schöllkopf 843
Ober Zwieselberg
Sulzbach
L406
Dießen
Neckar
Lettstädter Höhe 967
A
Bad Rippoldsau
14
Klösterle
Wasser-fall
Stausee Kl. Kinzig
Loßburg
Schömberg
L409
Neckarhausen
Glaswald-see
Glaswald
Zum letzten G'stehr
Glatt
Sterneck
A
3
Leinstetten
Dürrenmettstetten
Fischingen
Gr. Hundskopf 947
Teuscheneck 864
Vor Seebach
L93
L96
Unterbrändi
L409
4
Fischingen
Nordrach
L94
Oberes Dörfle
Kinzig
Wälde
L412
Hopfau
L409
5
Sulz am Neckar
B14
Oberharmersbach
Untertal
Schapbach
Betzweiler
B14
Bocksecke 810
Alpirsbach
L410
Dornhan
L412
6
Ruine Albeck
L409
L94
Erzenbach
L96
Wolfach
13
Walke
7
L415
Aischfeld
L412
Weiden
Vöhringen
Zell am Harmersbach
Baden-Württemberg
Staufenkopf 851
8
Rötenbach
Breitenwies
Marschalkenzimmern
B14
Karpfenbühl 669
Brandenkopf 947
A
Schornfelsen 645
Frohnbach
Top Tipp
Oberwolfach
L96
Teisenkopf 764
B294
B462
L422
Schenkenzell
L415
Hochmössingen
Wolfach
Rötenberg
9
L422
Fluorn
L415
Oberndorf
Brittheim
Bochingen
Glasbläserei Dorotheenhütte
12
B500
B294
Schiltach
11
Winzeln
Beffendorf
A81
Haslach im Kinzigtal
Kinzig
Hausach
B33
Aichhalden
K5531
Waldmössingen
B14
Neckar
E41
Hart-hausen
Leidringen
Fartenkopf 789
Gutach
Gutach
Mooswaldkopf 879
Schiltach
Brambach
Eschach
Rotenzimmern
Schondelhöhe 859
E531
Fohrenbühl
Steingrün
Lauterbach
Schramberg
B462
K5531
Haldenhof
10
Sulgen
L422
Bösingen
L420
B14
Epfendorf
Böhringen
Gößlingen
Route
5 km

Tour-Stationen auf einen Blick

Tourlänge: 128 km

Nr.	Ort	PLZ	GPS-Koordinaten
(A)	Freudenstadt	D-72250	N 48 27.836 E 08 24.704
2	Aach	D-72280	N 48 27.991 E 08 28.717
3	Leinstetten	D-72175	N 48 23.582 E 08 32.457
4	Hopfau	D-72172	N 48 22.308 E 08 34.644
5	Sulz am Neckar	D-72172	N 48 21.894 E 08 37.998
6	Weiden	D-72175	N 48 19.451 E 08 33.730
7	Dornhan	D-72175	N 48 21.419 E 08 29.651
8	Alpirsbach	D-72275	N 48 20.882 E 08 24.800
9	Rötenbach	D-72275	N 48 19.803 E 08 23.806
10	Rötenberg	D-78733	N 48 18.174 E 08 25.427

Nr.	Ort	PLZ	GPS-Koordinaten
11	Sulgen	D-78713	N 48 14.280 E 08 25.035
12	Schramberg	D-78713	N 48 13.695 E 08 23.085
13	Schiltach	D-77761	N 48 16.955 E 08 20.759
14	Wolfach	D-77709	N 48 17.874 E 08 14.400
15	Walke	D-77709	N 48 20.646 E 08 13.624
16	Klösterle	D-77776	N 48 25.611 E 08 19.785
(E)	Freudenstadt	D-72250	N 48 27.836 E 08 24.704

Die Übersicht ist fortlaufend nummeriert und enthält neben den Etappenpunkten zur Orientierung ggf. weitere Orte entlang der Route; Referenzsystem der GPS-Koordinaten: WGS84

1 · 5,5 km · B28

Freudenstadt in östlicher Richtung auf der Stuttgarter Straße (B28) verlassen und 5,5 km bis Aach.

Strecke: Viel befahrene, etwas eintönige Bundesstraße.

Restaurant-Tipp: Leckere Wildspezialitäten und eine Terrasse mit herrlichem Ausblick auf einen See und auf Freudenstadt bietet das Restaurant Bärenschlössle in Christophstal, drei Kilometer westlich von Freudenstadt. Im nahe gelegenen Wildgehege kann man sich die Beine vertreten und Rehe, Hirsche und andere Tiere beobachten. Restaurant Bärenschlössle, Christophstraße 29, 72250 Freudenstadt-Christophstal, Tel. 074 41/78 50, tgl. außer Di 11–22 Uhr.

2 · 12 km · L409

Kurz vor Aach rechts von der B28 abfahren, dann rechts halten und auf die L409 fahren, der Straße 12 km über Glatten bis Leinstetten folgen.

Strecke: Kurvenreich auf gutem Belag durch das einsame Glatttal.

3 · 5,5 km · L409

In Leinstetten geradeaus und 5,5 km weiter auf der L409 bis nach Hopfau.

Strecke: Geschmeidig weiter durchs Glatttal, es wird spannender.

A Unterbrändi

Strecke: Auf einer kleinen Straße bis zur ehemaligen Dorfkirche in Unterbrändi, 3 km ab Leinstetten.

Restaurant-Tipp: Ein Holzschild am Ortseingang von Unterbrändi weist den Weg zum Gasthaus Zur alten Kirche. Das atmosphärisch grandiose Lokal mit kleiner Terrasse ist in der ehemaligen Pfarrkirche »Zu unserer Lieben Frau« aus dem 13. Jahrhundert untergebracht. Das in der Übergangsphase vom romanischen zum gotischen Baustil errichtete Gotteshaus war Jahrhunderte lang Wallfahrtskirche und religiöser Mittelpunkt für die ganze Umgebung. Jetzt gibt es hier Fleisch, Salate und vegetarische Gerichte. Gasthaus Zur alten Kirche, Unterbrändi 7, 72290 Loßburg-Unterbrändi, Tel. 074 46/22 61, nur Sa und So ab 11 Uhr.

4 | 7 km | L409

In Hopfau rechts, weitere 7 km auf der L409 bis nach Sulz am Neckar fahren.

Strecke: In engen Kehren raus aus dem Glatttal und über den Kamm ins Neckartal – das erste Pistenhighlight der Route!

Info: Die kleine Stadt Sulz mit ihrem schönen Marktplatz, den vielen Brücken, der Burgruine Albeck sowie dem römischen Kastell lohnt einen Zwischenstopp. Einen tollen Blick über die Stadt hat man vom Aussichtspunkt »Gähnender Stein« nahe des Zentrums (www.sulz.de).

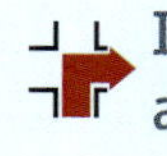

5 | 2 km | B14

In Sulz am Neckar vor dem Bahnübergang rechts auf die B14 und 2 km in Richtung Oberndorf.

Strecke: Auf der viel befahrenen B14 am jungen Neckar entlang.

6 | 20,5 km | L412 / L410 / L415

Jetzt rechts auf die L412 und 12 km über Weiden bis Dornhan. Kurz nach Dornhan an der T-Kreuzung links auf die L410/L415 und 8,5 km bis Alpirsbach.

Strecke: Auf bester Piste kurvenreich durch Wälder und über Höhenrücken. Zwischen Aischfeld und Alpirsbach besonders reizvoll.

7

3 km

B294

In Alpirsbach links auf die B294 Richtung Freiburg, 3 km durch den Ort bis zum Ortsteil Rötenbach.

Strecke: *An Kloster und Brauerei vorbei durch dicht besiedeltes Gebiet.*

Info: Die Privatbrauerei Alpirsbacher Klosterbräu wurde 1880 gegründet. Zu keiner Zeit wurde hier, wie man vermuten könnte, von Mönchen Bier gebraut. Irgendwann wurde schlichtweg der Platz für die Bierproduktion und -lagerung zu knapp, und so pachtete man kurzerhand beim benachbarten Kloster zusätzliche Räume. Besuchern wird ein abwechslungsreiches Programm geboten, auch das im romanischen Stil erbaute Kloster kann besichtigt werden.

Alpirsbacher Klosterbräu Glauner GmbH & Co, Marktplatz 1, 72275 Alpirsbach, Tel. 074 44/671 49 (Anmeldung), www.alpirsbacher.de, öffentliche Führungen (ohne Voranmeldung) tgl. 14.30 Uhr, Dauer ca. 2 Stunden.

Hotel-Tipp: Für anspruchslose Tourenfahrer ist die Jugendherberge Alpirsbach eine ideale Unterkunft. Wenn er Zeit hat, verrät Biker und Herbergsvater Konrad Stockhausen Gästen gerne seine ganz persönlichen Lieblingsstrecken in der Region. Für Biker hat er immer ein Zimmer und einen Garagenplatz frei.

Jugendherberge Alpirsbach, Reinerzauer Steige 80, 72275 Alpirsbach, Tel. 074 44/24 77, www.jugendherberge-alpirsbach.de €

Romanische Schönheit – das Alpirsbacher Kloster.

8 — 6 km — L422

In Rötenbach links auf die L422, der Straße 6 km bis Rötenberg folgen.

Strecke: Entspanntes Cruisen auf einem Hochplateau.

9 — 10 km — K5531

Geradeaus durch den Ort und 10 km – jetzt auf der K5531 – Richtung Sulgen.

10 — 13 km — B462

Kurz vor Sulgen links und gleich wieder rechts auf die B462, 5 km bis Schramberg. Im Zentrum rechts und 8 km weiter auf der B462 bis Schiltach.

Strecke: Bei schönem Gefälle herzhaft hinunter bis Schramberg, dann am Talgrund weiter durch das etwas düstere Schiltachtal.

Info: Schramberg gehörte einst zu den Weltzentren der Uhrenindustrie und liegt an der Deutsche Uhrenstraße, einer Ferienstraße, die die Zentren der Schwarzwälder Uhrenproduktion miteinander verbindet. Der bekannte Hersteller Junghans hat hier seinen Sitz und bietet einen preislich attraktiven Werksverkauf an. Junghans Uhren GmbH, Tösstraße 53, 78713 Schramberg, Tel. 074 22/181 68, www.junghans.de, Mo–Fr 9–17, Sa 10–14 Uhr.

11

9,5 km

B294
B500

Bei Schiltach geradeaus auf die Umgehungsstraße (B294/B500) und 9,5 km Richtung Wolfach.

Strecke: Bei Schiltach Fahrt durch den Umgehungstunnel. Dann viel befahrene Bundesstraße mit sanften Kurven an der Kinzig entlang.

Info: Die historische Altstadt von Schiltach steht komplett unter Denkmalschutz und ist – wenn auch sehr touristisch – äußerst sehenswert. Fachwerkhäuser gibt es hier im Überfluss, reizvoll ist auch das bemalte Rathaus. Am Marktplatz lohnt ein Besuch im Apothekenmuseum mit originalgetreuer Biedermeier-Einrichtung.
Apotheken-Museum Schiltach, Marktplatz 5, 77761 Schiltach, Tel. 078 36/360, www.schiltach.de

Event-Tipps: Alljährlich im Mai/ Juni findet das von der Stadt Wolfach organisierte Biker-Weekend statt mit Ausfahrten, Grillabend und Livemusik. Den genauen Termin erfährt man von der Tourist-Info.

Beim Wolfacher Flößerfest erwacht alle zwei Jahre im Juli/August der traditionsreiche und ehemals bedeutendste Berufszweig im Schwarzwald zu neuem Leben. Spektakulär anzusehen ist es, wenn sich die Kinzigflößer auf selbst gebauten Flößen die Fluten hinab stürzen! Nächster Termin ist Mitte Juli 2011 (www.wolfach.de).

Schiltach: prächtiges Fachwerk im Überfluss.

12

7 km

L96

Vor Wolfach rechts auf die L96 und 7 km über Wolfach und Oberwolfach nach Walke fahren.

Strecke: Schwungvoll geht es ins Wolfachtal.

Info: In der Dorotheenhütte erfährt man vieles über die Geschichte des Glasblasens im Schwarzwald. Es gibt u. a. Vorführungen im Glasblasen sowie eine Verkaufsausstellung mit Weihnachtsdorf.
Die heute als Besucherbergwerk erschlossene Silbermine Grube Wenzel in Oberwolfach zeugt eindrucksvoll von der harten Arbeit der Bergleute vor rund 200 Jahren. Für die Reise in die Tiefe werden Helme, Lampen, Jacken und Stiefel zur Verfügung gestellt.
Glasbläserei Dorotheenhütte, Glashüttenweg 4, 77709 Wolfach, Tel. 078 34/839 80, www.dorotheenhuette.de, tgl. 9–16.30 Uhr, Führungen Mo 11 Uhr, Do und So 14 Uhr.
Grube Wenzel, Frohnbach, 77709 Oberwolfach, Tel. 078 34/858 12, www.grube-wenzel.de, Führungen Di–So 11, 13 und 15 Uhr.

Restaurant- und Event-Tipp: Biker Klaus Heitzmann ist Wirt des Gasthofs Linde in Oberwolfach und das am ersten Augustwochenende von ihm veranstaltete Biker-Treffen hat Kult-Status. Geboten werden u. a. Rockkonzerte, Lagerfeuer und ein Biker-Gottesdienst. Übernachtung ist in verschiedenen Häusern der Umgebung möglich.
Gasthof Linde, Am Lindenplatz 1, 77709 Oberwolfach, Tel. 078 34/386, www.touring-relaxing.de

A Brandenkopf

Strecke: Auf gutem Belag windungsreich bis zum 947 Meter hohen Gipfel.

Info: Der Name des Brandenkopfs, eines der höchsten Berge des mittleren Schwarzwaldes, geht auf einen verheerenden Waldbrand zurück, der im Jahr 1730 die Gegend in Aufregung versetzte. Vom Aussichtsturm auf dem Gipfel schweift der Blick bei klarer Sicht von Straßburg bis zu den Schweizer Alpen. In Walke links abbiegen.

Restaurant- und Hoteltipp: Feine badische Küche in bester Gipfellage unterhalb des Aussichtssturmes bietet das Wanderheim Brandenkopf. Übernachten kann man in günstigen und angenehmen Gästezimmern.
Wanderheim Brandenkopf, Brandenkopf, 77784 Oberharmersbach, Tel. 078 31/61 49, www.brandenkopf.net

13

14 km
L96

In Walke geradeaus, 14 km weiterhin auf der L96 in Richtung Freudenstadt bis Klösterle.

Strecke: *Einige sehr schön zu fahrende Kurven lockern die entspannte Fahrt durch idyllische Dörfer des Wolfachtals auf.*

Info: Im Wolfachtal sprudelt einer der höchsten, frei fallenden Wasserfälle Deutschlands. Am Hotel Zum letzten G'stehr zweigt rechts die Burgbachstraße ab. Nach 500 Metern weist auf der linken Straßenseite ein leicht übersehbares Holzschild den Weg zum Wasserfall. Der jetzt noch zu überwindende, 600 Meter lange Fußweg lohnt sich: Nach kurzem Waldspaziergang steht man vor dem riesigen, überhängenden und bedrohlich wirkenden Burgbachfelsen, von dem sich eindrucksvoll die Wasserkaskaden 32 Meter herabstürzen.

Restaurant- und Hotel-Tipp: Idyllisch gelegen, bietet das speziell auf Biker ausgerichtete Hotel Zum letzten G'stehr komfortable Zimmer, eine Garage mit Schrauberecke und einen Trockenraum. Empfehlenswert ist nicht zuletzt das Restaurant des Hauses mit schöner Terrasse.
Hotel Zum letzten G'stehr, Wolftalstraße 17, 77776 Bad Rippoldsau, Tel. 074 40/714, www.gstehr.de €

A Glaswaldsee

Strecke: *Im Ort »Vor Seebach« vor Klösterle zweigt ein schmales Asphaltsträßchen links von der L96 ab, das zu einem Parkplatz führt. Von hier sind es rund 20 Minuten Fußmarsch bis zum See.*

Info: Blickt man auf den schönen Glaswaldsee, meint man, vor einem romantischen Ölgemälde zu stehen. Der nur bis zu 11 m tiefe See ist ein Karsee, dessen Ursprung auf die letzte Eiszeit zurückgeht. Wie gut, dass keine Straße direkt zum Ufer führt und man hier weder Restaurants noch Cafés und auch nur wenige Ausflügler vorfindet. Das Ergebnis ist perfekt: Seit über 40 Jahren hat sich hier kaum etwas verändert und der Glaswaldsee ist ein Naturjuwel geblieben – Idylle pur.

14

13 km

L404
L405

In Klösterle rechts, 13 km auf der L404 und L405 zurück nach Freudenstadt, Ausgangspunkt der Tour.

Strecke: Auf einwandfreiem Belag durch unzählige Kurven – die perfekte Wald-Wedelstrecke.

Info: Freudenstadt ist stolz auf seinen Marktplatz, der mit rund 47 300 Quadratmetern als größter Marktplatz Deutschlands gilt. Wer sich Wellness gönnen möchte, kann das im Panorama-Bad Freudenstadt: Sprudelliegen, Massagedüsen, Wasser-Vulkane und ein Strömungskanal versprechen Spaß und Entspannung nach langer Fahrt.

Panorama-Bad Freudenstadt, Ludwig-Jahn-Straße 60, 72250 Freudenstadt, Tel. 074 41/92 13 00, www.panorama-bad.de

Restaurant-Tipp: In toller Lage direkt am Marktplatz bieten Tanja und Claus Dieter Wetzel in ihrem Restaurant-Café Pause ein vielfältiges Angebot an Speisen und Getränken.

Restaurant-Cafe Pause, Marktplatz 65, 72250 Freudenstadt, Tel. 074 41/856 06, www.cafepause.de, tgl. 8–18.30 Uhr.

Camping-Tipp: Der 5-Sterne-Campingplatz Langenwald liegt vor den Toren Freudenstadts mitten im Wald, direkt an der B500. Er ist mit Schwimmbad und Grillplatz ausgestattet.

Campingplatz Langenwald, Straßburger Straße 167, 72250 Freudenstadt, Tel. 074 41/28 62, www.camping-langenwald.de €

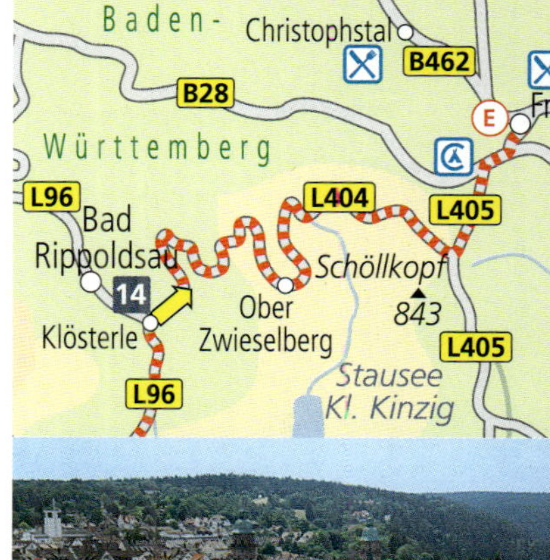

Wahrzeichen Freudenstadts: der größte Marktplatz Deutschlands.

Schwarzwald
Von der Schwarzwaldklinik zum Hexenloch
Glottertal, Kandel, Hexenloch

(A) Ausgangsort
Freiburg (79098)

(E) Zielort
Freiburg (79098)

 126 km ★★★★ ★★★★

Straßentypen (in Prozent der Streckenlänge)

90	10

■ Landstraße/asphaltierte Nebenstraße
■ Bundesstraße/Schnellstraße

Diese Tour können Sie mit Route 3 und 5 kombinieren.

i Tourist-Information
Rathausplatz 2–4
D–79098 Freiburg im Breisgau
Tel. 07 61/388 18 80
touristik@fwtm.freiburg.de
www.freiburg.de

(➔ *weitere Adressen siehe Seite 186*)

Eine sehr abwechslungsreiche Tour mit Kammüberfahrten, Schluchtendurchquerungen und panoramareichen Höhenzügen. Der über 1 200 Meter hohe Kandel steht dabei im landschaftlich krassen Gegensatz zum nicht gerade sonnenverwöhnten Hexenloch, das quirlige Freiburg zu den einsamen Höhen bei St. Märgen. Die Strecken sind jedoch stets bestens präpariert und werden auch von heimischen Motorradfahrern intensiv genutzt.

Route 2
Frankfurt
Mainz
SÜD-
DEUTSCHLAND
TSCHECH. REP.
FRANK-REICH
Saarbrücken
Stuttgart
München
SCHWEIZ
ÖSTERREICH
Gutach im Breisgau
Stollen
Bleibach
Hörnleberg 905
Tafelbühl 1084
Rohrhardsberg 1159
Obereck 1177
Gutach
Schönwald im Schwarzwald
B500
Roßeck 1152
Breg-quelle
L110
B294
6
L173
5
Waldkirch
Simonswälder Tal
Simonswald
K4920
B3
L110
L186
Elz
Deutsche Uhrenstraße
L186
Schwarzwald Panoramastraße
Kranzkopf 816
Hornkopf 1121
Obersimonswald
Hohe Steig 1008
Bosberg 1052
A5
Vörstetten
B294
Denzlingen
Kandel 1242
L186
L173
Wilde Gutach
Furtwangen
E35
B294
2
3
B294
Glotterbad
Glottertal
Oberglottertal
L112
Baden-Württemberg
Glottertal
Glotter
Gütenbach
L173
7
Neueck
Breg
Gundelfingen
Badische Weinstraße
Mäderstal
L173
B500
L112
Brombeerkopf 864
Sägendobel
4
12
Deutsche Uhrenstraße
Kapfenberg 1036
Naturpark
K5752
Neukirch
St. Ottilien
A
Top Tipp
K4908
St. Peter
L127
11
Hexenloch-mühle
K5752
B3
FREIBURG im Breisgau (287)
Roßkopf 737
St. Märgen
Hexenloch
B31a
Eschbach
L127
L128
L128
L128
Steinberg 1141
L80a
B31
1
E A
Reckenberg
Stegen
Wagensteig
Neuhäusle
K4987
Altglashütte
8
B500
L133
Ebnet
L133
13
L127
Dreisam
Falkenhof
L128
10
K4907
Fallerhof
9
L128
L122
L124
B31
Kirchzarten
Buchenbach
L128
Südschwarzwald
Waldau
Bossenbühl 1127
Schwarzwald Panoramastraße
B500
Josenhof
Langenordnach
Route
2,5 km

Tour-Stationen auf einen Blick

Tourlänge: 126 km

Nr.	Ort	PLZ	GPS-Koordinaten
A	Freiburg	D-79098	N 47 59.908 E 07 51.182
2	Gundelfingen	D-79194	N 48 03.427 E 07 52.262
3	Denzlingen	D-79211	N 48 03.645 E 07 53.986
4	St. Peter	D-79271	N 48 01.703 E 08 01.545
5	Kandel	-	N 48 03.772 E 08 00.702
6	Waldkirch	D-79183	N 48 05.761 E 07 58.635
7	Bleibach	D-79261	N 48 07.281 E 07 59.915
8	Neueck	D-78148	N 48 02.153 E 08 10.915
9	Neuhäusle	D-79274	N 47 59.443 E 08 07.077
10	Thurner	D-79274	N 47 58.324 E 08 07.228

Nr.	Ort	PLZ	GPS-Koordinaten
11	Falkenhof	D-79256	N 47 58.376 E 08 02.071
12	St. Märgen	D-79274	N 48 00.478 E 08 05.575
13	St. Peter	D-79271	N 48 01.171 E 08 02.670
14	Stegen	D-79252	N 47 59.044 E 07 57.818
E	Freiburg	D-79098	N 47 59.908 E 07 51.182

Die Übersicht ist fortlaufend nummeriert und enthält neben den Etappenpunkten zur Orientierung ggf. weitere Orte entlang der Route; Referenzsystem der GPS-Koordinaten: WGS84

ROUTE 2

1 — 7,5 km — B3

Ⓐ Von Freiburg aus 7,5 km auf der B3 in Richtung Offenburg bis kurz hinter Gundelfingen.

Strecke: Viel befahrene Ausfallstraße durch dicht besiedeltes Gebiet.

2 — 2 km — B294

Hinter Gundelfingen halbrechts auf die B294 abbiegen und 2 km bis Denzlingen.

Strecke: Ein kurzes Stück zügig auf der mehrspurigen Schnellstraße.

3 — 12 km — L112

Bei Denzlingen die Bundesstraße rechts über die Abfahrt verlassen, dann gleich wieder rechts auf die L112 und 12 km durchs Glottertal fahren.

Strecke: Breit und gut ausgebaut bis Oberglottertal. Dann zunehmend kurviger und anspruchsvoller.

Info: Saftig-grüne Weiden, umgeben von alten, malerischen Bauernhöfen: Das Glottertal ist Schwarzwald-Idylle pur. Hier liegt auch der im Jahr 1914 errichtete, imposante Carlsbau (von der L112 links ab Richtung Glotterbad). Er diente als Kulisse für die in den 1980er-Jahren ausgestrahlte, beliebte TV-Serie »Schwarzwaldklinik«.

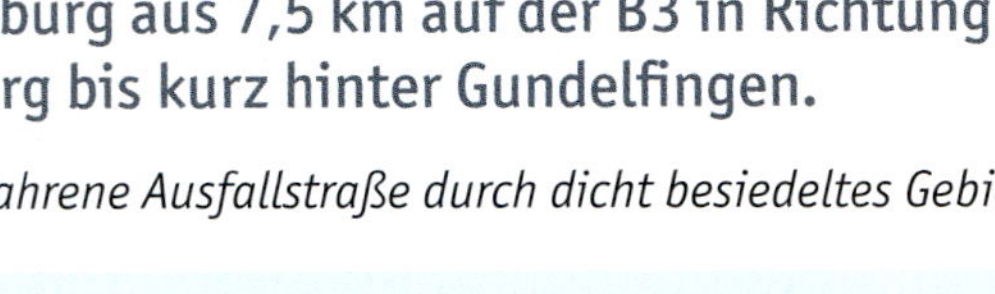

Zügig geht's ins Glottertal.

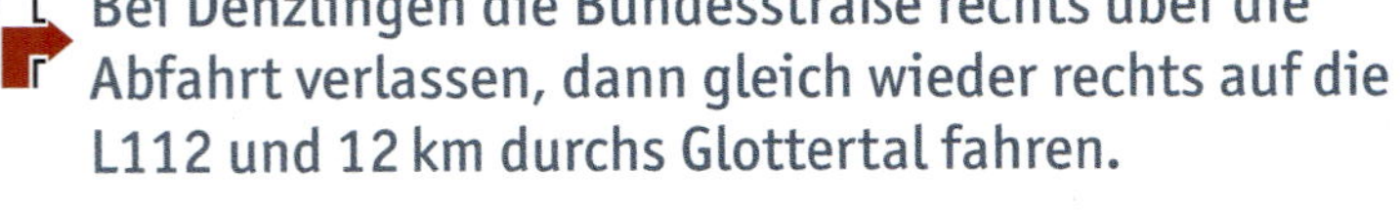

Kultige Fernsehkulisse: die »Schwarzwaldklinik«.

4

22 km

L186

Auf Höhe St. Peter beim Sägewerk links auf die L186 abbiegen und 22 km Richtung Waldkirch.

Strecke: Auf der Schwarzwald-Panoramastraße über den Kandel, anspruchsvolle Auf- und vor allem Abfahrt mit engen, steilen Kurven.

Info: Der Kandel ist einer der schönsten Panoramaberge der Region und mit seinen 1 242 Metern der höchste Gipfel des Mittleren Schwarzwalds. Mountainbiker schätzen den Berg ebenso wie Drachen- und Gleitschirmflieger, die sich in Gipfelnähe Richtung Süden in den Wind legen. An klaren Tagen hat man von hier oben einen überwältigenden Blick zu den Vogesen und bis zu den Schweizer Alpen.

Restaurant- und Hotel-Tipp: Das Berggasthaus Kandelhof bietet direkt am Kandel kurz unterhalb des Gipfels eine gemütliche Gaststube mit Biergarten und Fernblick. Zimmer teilweise mit Etagendusche.
Berggasthaus Kandelhof, 79271 Kandel–Sankt Peter, Tel. 076 81/67 51, www.kandelhof.de €

5

3 km

B294

Kurz vor Waldkirch links und über die Auffahrt rechts auf die B294 fahren, 3 km bis Bleibach.

Strecke: Ein kurzes Stück auf der viel befahrenen Bundesstraße, um ins Simonswälder Tal zu gelangen.

6

22 km

L173

Bei Bleibach rechts auf die L173 und 22 km über Altsimonswald Richtung Furtwangen.

Strecke: Geschmeidig durch das tief eingeschnittene Simonswälder Tal. Der spektakulärste Abschnitt liegt zwischen Obersimonswald und Gütenbach, wenn sich die bestens asphaltierte Straße steil und kurvenreich aus dem Tal herauswindet bis auf einen panoramareichen Höhenzug.

7

11,5 km

B500
K5752
K4987

Bei Neueck rechts auf die B500, dann gleich wieder rechts auf die K5752, später K4987, und 11,5 km über Altglashütte bis Neuhäusle fahren.

Strecke: Auf schmaler Straße steil runter ins Tal an der Hexenlochmühle vorbei.

Info: Die Hexenlochmühle bei Altglashütte stammt aus dem Jahre 1825, die Sägemühle ist aber bestens in Schuss und immer noch in Betrieb. Der Heubach treibt ihre riesigen Mühlräder mit einer Kraft von 13 Pferdestärken an. Heute ist die Hexenlochmühle ein beliebter Biker-Treff mit Warenverkauf – es gibt Schwarzwälder Spezialitäten, Kuckucksuhren und Geschenkartikel – und einem Biergarten.

Hexenlochmühle, Hexenlochstraße 13+14, 78120 Furtwangen-Neukirch, Tel. 077 23/73 22, www.hexenlochmuehle.de, tgl. außer Mi 10–17 Uhr.

Die Hexenlochmühle bei Altglashütte.

8 — 2,5 km — L128

In Neuhäusle links auf die L128 in Richtung Titisee und 2,5 km bis zur Einmündung in die B500.

Strecke: Auf einwandfreier Piste über sanft geschwungene Höhen.

9 — 8,5 km — B500 / K4907

Jetzt rechts auf die B500, in Thurner dann gleich wieder rechts auf die K4907 und 8,5 km in Richtung Buchenbach fahren.

Strecke: Panoramareiche, geschwungene Cruiserstrecke zum Genießen.

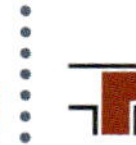

10 — 10 km — L128

Vor der Siedlung Falkenhof rechts auf die L128 abbiegen und 10 km bis nach St. Märgen.

Strecke: Schneller und kurvenreicher Abschnitt für Wedelfreunde.

Info: Die Gegend zwischen St. Märgen und Neukirch spielte einst für die Schwarzwälder Uhrenproduktion eine wichtige Rolle. Die Uhrensammlung im Klostermuseum St. Märgen dokumentiert den weltweiten Siegeszug der Schwarzwalduhr, beleuchtet dabei aber nicht nur technische, sondern auch sozial- und kulturgeschichtliche Aspekte.

Kloster Museum St. Märgen, Rathausplatz 1, 79274 St. Märgen, Tel. 076 69/91 18 17, www.kloster-museum.de, So 10–13 Uhr, Mai–Okt. auch Mi, Do 10–13 und 14–17 Uhr.

Zeitlos schön: die Uhren im Klostermuseum St. Märgen.

11

6 km

L127

Im Ortskern von St. Märgen links auf die Glottertalstraße (L127) und 6 km bis nach St. Peter.

Strecke: Weiterhin schwungvoll und aussichtsreich talwärts. Ortsdurchfahrt St. Peter für Motorräder von 22–6 Uhr gesperrt.

12

9,5 km

K4908

L127

Am Ortseingang links auf die Zähringerstraße (K4908) und 1,5 km um den Ort. Jetzt links auf die L127 und 8 km über Reckenberg bis Stegen.

Strecke: Zügig und abwechslungsreich talabwärts auf tadellosem Belag.

Info: Ein Muss für Kulturinteressierte ist ein Besuch der Rokoko-Bibliothek des Klosters St. Peter mit ihren herrlichen Deckengemälden und allegorischen Figuren des Klosterbildhauers Matthias Faller. Erzbischöfliches Priesterseminar, Klosterhof 2, 79271 St. Peter, Tel. 076 60/91 02 24 (Anmeldung), Führungen: So 11.30 Uhr, Di 11 Uhr, Do 14.30 Uhr.

Restaurant- und Hotel-Tipp: Der Gasthof Hirschen in St. Peter ist ein freundliches Hotel, das alles bietet, was Biker brauchen. Der Chef des Hauses ist selbst gerne mit dem Motorrad unterwegs und gibt Tipps. Hotel und Gasthof Hirschen, Bertholdsplatz 1, 79271 St. Peter, Tel. 076 60/94 13 80, www.gasthof-hirschen.de €€

Der Marktplatz von St. Peter.

13

9,5 km

L133

In Stegen weiter geradeaus, auf der L133 über Ebnet 9,5 km zurück ins Zentrum von Freiburg.

Strecke: *Unspektakulär am Dreisamufer entlang.*

Camping-Tipp: Der Campingplatz Hirzberg in Freiburg ist stadtnah gelegen und bietet gleichzeitig eine gute Ausgangslage für Touren.
Campingplatz Hirzberg, Kartäuserstraße 99, 79104 Freiburg, Tel. 07 61/350 54, www.freiburg-camping.de

Restaurant-Tipp: Das Greiffenegg-Schlössle liegt oberhalb des Freiburger Schwabentors in bester Aussichtslage. Ideal für alle, die schon immer mal Lammrückenfilet mit Paprika-Fetakruste probieren wollten. Wer Bratwurst mit Pommes den Vorzug gibt, ist im zugehörigen Kastaniengarten bestens aufgehoben. Jeden Sonntag gibt es hier auch »Bayerisches Frünstück«.
Restaurant Greiffenegg-Schlössle, Schlossbergring 3, 79098 Freiburg, Tel. 07 61/32728, www.greiffenegg.de, tgl. 11–24 Uhr.

Event-Tipps: Mit dem Zelt-Musik-Festival (ZMF) Anfang Juli wird Freiburg zur Musikmetropole. In Zelten geben sich internationale Künstler (Klassik bis Rock) zwei Wochen lang ein Stelldichein.
Tickets unter Tel. 075 31/90 38 44, www.zmf.de

In der ersten Juliwoche dreht sich beim Freiburger Weinfest am Münsterplatz alles um kulinarische Hochgenüsse.

A St. Ottilien

Restaurant-Tipp: Der Name ist Programm: Mitten im Wald, 3 Kilometer von Freiburg entfernt, liegt das Waldrestaurant St. Ottilien. Draußen sitzt man unter uralten Kastanienbäumen. Von Flammkuchen bis Rumpsteak bietet die Küche für jeden Geschmack das passende Gericht.
Kartäuserstraße 135, 79104 Freiburg, Tel. 07 61/632 30, www.st-ottilien.com, April–Okt. Mo–Sa ab 12 Uhr, So ab 10 Uhr, Nov.–März Sa ab 12 Uhr, So ab 10 Uhr.

Das Greiffenegg-Schlössle mit Blick auf Freiburg.

Schwarzwald
Donauquellen und Kuckucksuhren
Donau-Quellgebiet
3

(A) Ausgangsort
Schramberg (78713)

(E) Zielort
Schramberg (78713)

132 km    ★★★★   ★★★

Straßentypen (in Prozent der Streckenlänge)

83	17

- Landstraße/asphaltierte Nebenstraße
- Bundesstraße/Schnellstraße

Diese Tour können Sie mit Route 1 und 2 kombinieren.

ℹ Stadt- und Bürgerinformation
Hauptstraße 25
D-78713 Schramberg
Tel. 074 22/292 15
www.schramberg.de

(→ *weitere Adressen siehe Seite 186*)

Hier im Herzen des Schwarzwaldes werden so manche Fragen leidenschaftlich diskutiert: Wo entspringt die Donau – und wo steht die größte Kuckucksuhr der Welt? Diese Rundtour verspricht Antworten, bietet zudem viel Natur, touristische Highlights und vor allem einsame, überwiegend überschaubare Streckenabschnitte, die sich genussvoll abwedeln lassen.

Route 3
Top Tipp
Freilichtmuseum Vogtsbauernhof
Fartenkopf 789
Gutach
Mühlenbach
B294
B33
Steingrün
L107
15
Oberprechtal
14
L107
L109
L101
Gschasikopf 1045
910
Hinterprechtal
Hornberg
16
Mooswaldkopf 879
Fohrenbühl
L108
Deutsche Uhrenstraße
Lauterbach
Ruine Hohenschramberg
E
A
Schramberg
1
Sulgen
B462
L419
Aichhalden
Waldmössingen
L419
Brambach
Epfendorf
Bösingen
Neckar
L420
B14
A81
E41
Dunningen
Hochwald
Hardt
L420
Eschenbronn
L175
Tennenbronn
Windkapf 924
Hornberg 726
B33
Langenschiltach
Schiltach
Buchenberg
L177
Weiler
Flözlingen
Waldau
2
Königsfeld i. Schwarzwald
B462
Hausen
B14
Rottweil
L181
Niedereschach
Neuhausen
L178
Rauchenberg 669
Hohe Tag 613
Elzach
Elz
B294
Winden im Elztal
Hörnleberg 905
Schonach im Schwarzwald
Schonachbach
L175
B33
Rohrhardsberg
Rohrhardsberg 1159
L109
13
Triberg im Schwarzwald
B500
Triberger Wasserfall
Brigachquelle
Brigach
4
B33
St. Georgen im Schwarzwald
L177
3
Schoren
L181
Mönchweiler
Obereschach
Dauchingen
Gutach im Breisgau
B294
L173
Oureck 1180
Obereck 1180
Schönwald im Schwarzwald
B500
Brigach
5
K5728
6
Stockwald
Hirzwald
L175
7
Oberkirnach
Unterkirnach
L173
K5716
B33
8
Villingen-Schwenningen
B523
Deißlingen
Waldkirch
Bregquelle
A
Simonswald
Hornkopf 1121
Kranzkopf 816
1242
Kandel
L186
Hohe Steig 1008
Brend 1149
B500
Bosberg 1052
Gütenbach
12
11
Furtwangen
L175
L173
9
Vöhrenbach
L173
L181
B33
Neckar
B27
B523
Trossingen
L112
Sägendobel
Brombeerkopf 864
1036
L127
Neukirch
St. Märgen
K5732
Linach
Linach-Stausee
L172
Herzogenweiler
Pfaffenweiler
Urach
L80a
10
Hammereisenbach
Überauchen
Bad Dürrheim
Brigachtal
Tuningen
A81
E41
B27
B523
B33
L178
L128
B500
Route
5 km
Frankfurt
Mainz
SÜD-
TSCHECH. REP.
DEUTSCHLAND
FRANK-REICH
Saarbrücken
Stuttgart
München
SCHWEIZ
ÖSTERREICH

Tour-Stationen auf einen Blick

Tourlänge: 132 km

Nr.	Ort	PLZ	GPS-Koordinaten
Ⓐ	Schramberg	D-78713	N 48 13.365 E 08 23.127
2	Hardt	D-78739	N 48 11.028 E 08 24.672
3	Königsfeld	D-78126	N 48 08.070 E 08 25.151
4	Schoren	D-78112	N 48 07.306 E 08 23.535
5	St. Georgen	D-78112	N 48 07.347 E 08 20.043
6	Oberstockwald	D-78112	N 48 06.199 E 08 18.730
7	Stockburg	D-78112	N 48 06.206 E 08 23.597
8	Villingen	D-78050	N 48 04.289 E 08 25.046
9	Unterkirnach	D-78089	N 48 04.574 E 08 22.080
10	Vöhrenbach	D-78147	N 48 02.717 E 08 18.275

Nr.	Ort	PLZ	GPS-Koordinaten
11	Linach	D-78120	N 48 00.873 E 08 19.181
12	Furtwangen	D-78120	N 48 02.695 E 08 11.509
13	Triberg	D-78098	N 48 07.985 E 08 13.303
14	Oberprechtal	D-79215	N 48 12.837 E 08 08.545
15	Steingrün	D-77793	N 48 14.059 E 08 12.886
16	Hornberg	D-78132	N 48 12.747 E 08 13.792
Ⓔ	Schramberg	D-78713	N 48 13.365 E 08 23.127

Die Übersicht ist fortlaufend nummeriert und enthält neben den Etappenpunkten zur Orientierung ggf. weitere Orte entlang der Route; Referenzsystem der GPS-Koordinaten: WGS84

1

13 km

L420
L177

Schramberg Richtung Süden über die Berneck- und Kirnbachstraße (L420) verlassen und 6 km nach Hardt. Hier rechts auf die L177 wechseln und 7 km bis Königsfeld fahren.

Strecke: Traumhafte Wedelstrecke mit viel Abwechslung.

Info: Gute Luft, schöne alte Häuser im spätbarocken Stil und üppige Baumalleen: Auch der berühmte Arzt Albert Schweitzer fühlte sich von der Ruhe und Idylle des Kurorts Königsfeld angezogen und baute in den 1920er-Jahren für sich und seine Familie hier am Ortseingang ein Haus. Eine Ausstellung führt in sein Lebenswerk ein.

Albert-Schweitzer-Haus, Albert Schweitzer-Weg, 78126 Königsfeld, Tel. 077 25/80 09 45, www.albertschweitzer-haus.de, Fr–Sa 14–17, So 11–17 Uhr.

Restaurant- und Hotel-Tipp: Der Waldhof liegt direkt an der Strecke am Waldrand und bietet einen Biergarten und Unterstellmöglichkeit.

Landgasthaus Waldhof, Nägelesee 2, 78126 Königsfeld-Buchenberg, Tel. 077 25/91 71 91, www.pensionwaldhof.de €

Event-Tipp: Ein echter Publikumsmagnet ist alljährlich im Juli das mehrtägige Burgspektakel auf der Burgruine Waldau: Musiker, Schauspieler, Kabarettisten und Gaukler sorgen für beste Unterhaltung.

Tel. 077 25/80 09 45, www.koenigsfeld.de

Tipp: Werksverkauf Junghans

Info: Die Firma Junghans in Schramberg gehörte einst zu den größten Uhrenherstellern der Welt. Beim Werksverkauf kann man auf Schmuck und Uhren aller Art 30 bis 70 Prozent gegenüber der unverbindlichen Preisempfehlung sparen.

Junghans Uhren GmbH, Tösstraße 53, 78713 Schramberg, Tel. 074 22/181 68, www.junghans.de, Mo–Fr 9–17, Sa 10–14 Uhr.

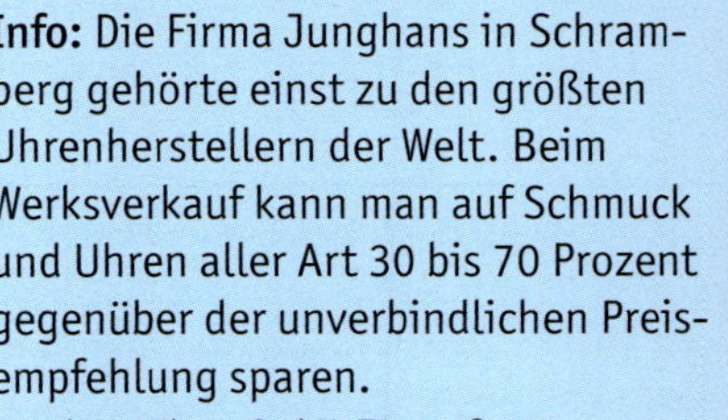

2
3 km
L177

3
5 km
B33

4
6 km
L175

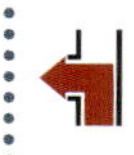

Hinter Königsfeld im Kreisel rechts, dann – weiter auf der L177 – 3 km bis Schoren.

Strecke: Durch ein kurzes Waldstück bis zur Einmündung in die B33.

Jetzt rechts auf die B33, der Bundesstraße 5 km bis nach St. Georgen folgen – in den Ort hinein.

Strecke: In einem langen Bogen in die Stadt.

In St. Georgen noch vor dem Klosterweiher links auf die L175 und 6 km Richtung Furtwangen.

Strecke: Die breite und gut ausgebaute Straße lädt zu hohen Drehzahlen ein. Leicht übersieht man das Hinweisschild auf die Brigach-Quelle am Straßenrand.

Info: Die Brigach ist neben der Breg der zweite Quellfluss der Donau. Direkt neben dem Hirzbauernhof quillt das Rinnsal leidenschaftslos aus dem Boden und speist erst mal einen Goldfischteich, bevor es seine fast 3 000 Kilometer lange Reise zum Schwarzen Meer antritt.

Die Brigach-Quelle bei St. Georgen.

5 · 4 km · K5728

Auf freier Strecke rechts Richtung Schönwald abbiegen. Dann gleich wieder links auf die K5728 Richtung Oberkirnach und 4 km bis zum Abzweig nach Stockwald fahren.

Strecke: Die ideal präparierte Straße führt in sanften Schwüngen durch eine der schönsten Landschaften des Schwarzwalds.

6 · 7 km · K5716

Jetzt links Richtung Stockwald, 7 km bis zur Einmündung in die K5716 nahe der Bahntrasse.

Strecke: Noch enger und noch einsamer: Hier beginnt der landschaftlich reizvollste Streckenabschnitt, durch Ober- und Unterstockwald geht es am Röhlinbach entlang – mit fantastischer Aussicht!

7 · 5 km · K5716

Hier rechts und 5 km – weiterhin auf der K5716 – in Richtung Villingen-Schwenningen.

Strecke: In langen Schwüngen an der Bahnlinie und an der Brigach entlang. Durch den Steinbruch und den damit verbundenen LKW-Verkehr kann die Strecke teilweise durch Abraum verschmutzt sein.

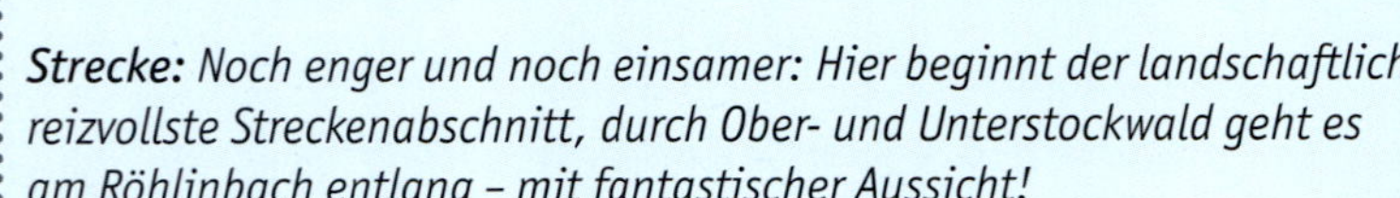

Einsame Gutshöfe im Stockwaldtal.

8

12,5 km

L173

Hinter dem ehemaligen Kirnacher Bahnhof rechts auf die L173 und 12,5 km – an Unterkirnach vorbei – bis nach Vöhrenbach fahren.

Strecke: Wieder mehr Verkehr, aber erstklassige Wald- und Wedelstrecke.

9

4 km

L172

In Vöhrenbach an der Kirche links, dann rechts halten und 4 km auf der L172 Richtung Süden.

Strecke: Zügig durchs Bregtal.

10

12 km

-

Vor Hammereisenbach rechts abbiegen und auf kleiner Straße 12 km über Linach nach Furtwangen.

Strecke: Leicht wellige Halbhöhenstraße durchs malerische Linachtal.

Info: Mitten im Tal steht die Linach-Staumauer, die nach 18-jähriger Renovierungszeit 2006 erneut in Betrieb genommen wurde. Heute spiegeln sich wieder dunkle Wälder im Wasser des Linach-Stausees.

Restaurant- und Hotel-Tipp: An der Linach-Talsperre gelegenes Gasthaus mit leckeren Salaten und badischer Küche. Günstige Zimmer. Gasthaus Talsperre, Linachstraße 10, 78147 Vöhrenbach, Tel. 077 27/75 17, www.linach-talsperre.de, tgl. ab 10 Uhr €

Idyllische Fahrt durch das junge Bregtal.

11

3 km

B500

Am Ortseingang von Furtwangen rechts auf die B500, 3 km durch die Stadt Richtung Krankenhaus.

Strecke: Eher unspektakuläre Ortsdurchfahrt.

Info: Als kleines Industriestädtchen gibt sich Furtwangen eher unspektakulär. Absolut sehenswert ist jedoch das Deutsche Uhrenmuseum. Hier findet man nicht nur die größte Uhrensammlung Deutschlands – auf rund 1 400 Quadratmetern werden mehr als 5 000 Modelle unterschiedlichster Bauart gezeigt –, sondern insbesondere die weltgrößte Sammlung an Kuckucksuhren!

Deutsches Uhrenmuseum, Robert-Gerwig-Platz 1, 78120 Furtwangen, Tel. 077 23/920 28 00, www.deutsches-uhrenmuseum.de, tgl. 9–18 Uhr (April–Okt.), tgl. 10–17 Uhr (Nov.–März).

Restaurant- und Hotel-Tipp: Der Goldene Rabe ist ein traumhaft gelegenes Hotel auf über 1 000 Meter Höhe auf dem Weg zum hohen Brend. Der Chef kocht nicht nur selbst, sondern ist auch passionierter Motorradfahrer, führt gerne »Benzingespräche« und gibt Touren-Tipps. Wer sich die Beine vertreten will, findet hier oben zudem ein vielfältiges Angebot an Wander- und Spazierwegen.

Hotel Goldener Rabe, Raben 7, 78120 Furtwangen, Tel. 077 23/73 97, www.goldener-rabe.de [€]

A Bregquelle

Strecke: Herrliche Panoramastrecke mit weitreichenden Aussichten. Von Furtwangen am Ende der Einbahnstraße (Friedrichstraße) links in die Bismarckstraße und nach 800 Metern wieder rechts in Richtung Katzensteig. 6 km den Ausschilderungen bis zur Bregquelle folgen. Zurück auf gleichem Weg.

Info: Die Donau hat zwei Quellflüsse. »Brigach und Breg bringen die Donau zuweg«, so lernen es die Kinder bereits in der Schule. Doch erst in Donaueschingen vereinigen sie sich und heißen fortan Donau. Auch wenn Donaueschingen bisweilen den Anspruch erhebt, Quellort zu sein, die Quellen des zweitlängsten Flusses Europas liegen zweifelsohne hier im Schwarzwald.

12

13 km

B500

Am Ende der Friedrichstraße beim Krankenhaus rechts, weiterhin auf der B500, 13 km bis Triberg.

Strecke: Zügig und kurvenreich.

Info: Nahe des Ortszentrums von Triberg stürzt sich die Gutach über mehrere Kaskaden 163 Meter eindrucksvoll-tosend in die Tiefe. Die Triberger Wasserfälle sind die höchsten in Deutschland und ein touristisches Highlight des Schwarzwaldes.

Die weltgrößte Kuckucksuhr steht in Triberg-Schonachbach im Eble Uhren-Park und hat eine Größe von 4,5 x 4,5 Metern. Damit steht sie im Guinness-Buch der Rekorde und stieß vor einigen Jahren die im benachbarten Schonach aufgebaute Riesen-Kuckucksuhr gnadenlos vom Thron, die sich seitdem mit dem Titel »Erste weltgrößte Kuckucksuhr« zufriedengeben muss.

Eble Uhren-Park GmbH, Schonachbach 27, 78136 Schonach, www.eble-uhren-park.de

13

18,5 km

L109

In Triberg links auf die L109 abbiegen und über Schonach 18,5 km bis nach Oberprechtal fahren.

Strecke: Kurven- und panoramareich durchs Elz-Tal.

14 · 9 km · L107

In Oberprechtal rechts abbiegen und 9 km auf der L107 in Richtung Hornberg bis zur Einmündung in die B33 in Steingrün fahren.

Strecke: *Wedelstrecke mit gefährlichen Ausbesserungen der Fahrbahn.*

15 · 3 km · B33

Jetzt rechts auf die B33 und 3 km auf der Bundesstraße bis Hornberg, links halten und in den Ort.

Strecke: *Auf viel befahrener Straße an der Gutach entlang.*

Info: Eine tolle Aussicht auf das Gutachtal hat man vom Turm der Hornberger Schlossruine (11. Jh.) auf dem Schlossberg. Direkt daneben ist das Hotel Schloss Hornberg mit angeschlossenem Lokal und Biergarten untergebracht. Es gibt leckere badische Gerichte.
Hotel Schloss Hornberg und Gasthaus Burgschänke, Auf dem Schlossberg 1, 78132 Hornberg, Tel. 078 33/965 50, www.schlosshornberg.de €€

Event-Tipp: Hornberg wurde berühmt durch sein Schieß-Debakel aus dem Jahr 1564, das als Hornberger Schießen in die Geschichte einging und im Juli und August auf der Freilichtbühne in Hornberg als Schauspiel aufgeführt wird (www.freilichtbuehne-hornberg.de).

A Freilichtmuseum Vogtsbauernhof

Strecke: *Von Steingrün sind es 4 km bis zum Freilichtmuseum Vogtsbauernhof bei Hausach. In Steingrün links auf die viel befahrene B33 in Richtung Gutach abbiegen. Zurück die gleiche Strecke.*

TOP TIPP — Info: Eine absolute Top-Sehenswürdigkeit: Auf fünf Hektar Fläche wurden sechs Schwarzwaldhöfe aus verschiedenen Epochen originalgetreu wieder aufgebaut. Beim Blick in Wohnstuben, Schlafkammern, Ställe und Werkstätten erfährt man vieles über die einstige Arbeits- und Lebenswelt der Schwarzwaldbauern.
Schwarzwälder Freilichtmuseum Vogtsbauernhof, An der B33, 77793 Gutach, Tel. 078 31/935 60, www.vogtsbauernhof.org, tgl. 9–18 Uhr (Ende März–Anfang Nov.), 9–19 Uhr (Aug.).

16

14 km

L108

In Hornberg links auf die L108 und 14 km über Lauterbach bis zum Ausgangspunkt Schramberg.

Strecke: Kurvenreich entlang der Deutschen Uhrenstraße.

Info: Kurz vor Schramberg lohnt sich ein Kurzabstecher zur bewirtschafteten Burgruine Hohenschramberg mit traumhaftem Blick über die gesamte Region. Die Burg entstand erst im 15. Jahrhundert und zählt damit zu den letzten Burgenbauten in Deutschland. Im Jahr 1689 wurde sie infolge des Pfälzischen Erbfolgekrieges zerstört.

Schramberg war einst ein international bedeutendes Zentrum der Uhrenindustrie. Vor 1914 stammten 50 Prozent aller Großuhren auf dem Weltmarkt aus dem Schwarzwald. Einblicke in die Industriegeschichte der Stadt gibt das Schramberger Stadtmuseum. Bestaunen kann man hier auch eine riesige Kunstuhr, die im Auftrag der Firma Junghans anlässlich der Pariser Weltaustellung im Jahr 1900 gefertigt wurde.

Stadtmuseum Schramberg, Bahnhofstraße 1, 78713 Schramberg, Tel. 074 22/292 68, Di–Fr 14–18 Uhr, Sa, So, feiertags und im Sommer Di–Fr zusätzlich 10–12 Uhr.

Restaurant- und Hotel-Tipp: Das Landhaus Lauble liegt idyllisch am Wald mit See, bietet ein faires Preis-Leistungs-Verhältnis und gute Küche. Großer Biergarten und Unterstellmöglichkeit.

Landhaus Lauble, Fohrenbühl 65, 78132 Hornberg, Tel. 078 33/936 60, www.landhaus-lauble.de €

Typischer Schwarzwaldhof und Handwerkskunst im Freilichtmuseum Vogtsbauernhof.

Schwarzwald
Von Seen und Schluchten
Titisee, Schluchsee, Bernautal

(A) **Ausgangsort**
Neustadt (79822)

(E) **Zielort**
Neustadt (79822)

 162 km

 ★★★★   ★★★

Straßentypen (in Prozent der Streckenlänge)

70	30

■ Landstraße/asphaltierte Nebenstraße
■ Bundesstraße/Schnellstraße

Diese Tour können Sie mit Route 5 kombinieren.

i Tourist-Information Titisee-Neustadt
Strandbadstraße 4
D-79822 Titisee-Neustadt
Tel. 076 51/980 40
titisee@hochschwarzwald.de
www.titisee-neustadt.de

(→ *weitere Adressen siehe Seite 186*)

Quirliger Massentourismus und einsame Bikerpisten liegen selten so nahe beieinander wie bei dieser Tour. Der schöne Schluchsee und Titisee sind zu Recht die touristischen Epizentren des Schwarzwaldes. Wenige Kilometer abseits der Hauptrouten finden wir dann aber abgeschiedene Täler mit perfekten Straßenbelägen. Hier schwelgt man nicht nur in herrlichster Natur, viele Etappen bieten grandiose, sportlich zu fahrende Kurven.

Route 4
Frankfurt
Mainz
SÜD-
Saarbrücken
FRANK-
REICH
Stuttgart
München
TSCHECH. REP.
DEUTSCHLAND
SCHWEIZ
ÖSTERREICH
A
Waldau
L172
3
Steingremmen
Wolterdingen
K4902
Eisenbach
DEUTSCHLAND
L172
2
Schwärzen-
bach
4
Oberbränd
Donaueschingen
B500
Naturpark
L172
K4992
Friedenweiler
Bräunlingen
Titisee
B31
Neustadt
Hüfingen
Hinterzarten
19
A
1
E
5
B31
Dittishausen
6
B31
Döggingen
7
K5739
Rötenbach
Löffingen
B500
18
Feldberg-
Bärental
Lenzkirch
10
8
Feldberg
1493
L171
Mundelfingen
Muggenbrunn
Altglashütten
Göschweiler
Ewattingen
B500
17
L156
Baden-
Württemberg
315
Wutach
Aha
B317
Herzogenhorn
1415
Wutachschlucht
Todtnau
L171
Achdorf
Südschwarzwald
1243
Schluchsee
Münchingen
Menzenschwand
11
9
Bonndorf
im Schwarzwald
L149
Bernau
L146
L149
16
Weierle
Oberlehen
Unter-
lehen
Wellendingen
Dillendorf
Wiese
15
Hochstaufen
1095
Weizen
L151
Präg
Hochkopf
1263
B500
Top
Tipp
L146
13
St. Blasien
L149
Grafenhausen
L314
14
L150
12
Häusern
Staufen
Stühlingen
Todtmoos
Ibach
Schwarza
SCHWEIZ
Route
5 km
Brigach
Brigach
Gauchach
Schwarzwald
Alb
Titisee

Tour-Stationen auf einen Blick

Tourlänge: 162 km

Nr.	Ort	PLZ	GPS-Koordinaten
Ⓐ	Neustadt-Titisee	D-79822	N 47 54.986 E 08 12.516
2	Schwärzenbach	D-79822	N 47 56.679 E 08 14.689
3	Steingremmen	D-79871	N 47 58.534 E 08 17.003
4	Kleineisenbach	D-79877	N 47 56.643 E 08 14.801
5	Rötenbach	D-79877	N 47 53.905 E 08 17.474
6	Döggingen	D-78199	N 47 53.596 E 08 26.030
7	Mundelfingen	D-78183	N 47 52.583 E 08 27.737
8	Bonndorf	D-79848	N 47 49.050 E 08 20.126
9	Lenzkirch	D-79853	N 47 52.131 E 08 12.031
10	Schluchsee	D-79859	N 47 49.294 E 08 10.376

Nr.	Ort	PLZ	GPS-Koordinaten
11	Häusern	D-79837	N 47 45.236 E 08 09.988
12	St. Blasien	D-79837	N 47 45.535 E 08 07.651
13	Todtmoos	D-79682	N 47 44.501 E 08 00.240
14	Präg	D-79674	N 47 47.209 E 07 57.930
15	Bernau-Weierle	D-79872	N 47 47.524 E 08 04.990
16	Aha	D-79859	N 47 50.197 E 08 07.783
17	Feldberg-Bärental	D-79868	N 47 52.179 E 08 05.745
18	Titisee	D-79822	N 47 54.559 E 08 10.209
Ⓔ	Neustadt-Titisee	D-76654	N 47 54.986 E 08 12.516

Die Übersicht ist fortlaufend nummeriert und enthält neben den Etappenpunkten zur Orientierung ggf. weitere Orte entlang der Route; Referenzsystem der GPS-Koordinaten: WGS84

1 · 5 km · L172 · (A)

Neustadt auf der L172 in Richtung Eisenbach verlassen, 5 km geradeaus.

Strecke: Auf beschaulicher Waldstrecke gewinnt man auf gutem Belag schnell an Höhe.

2 · 10 km · K4902

Links auf die K4902 Richtung Schwärzenbach, der großen Runde 10 km folgen.

Strecke: Einsame, hügelige Strecke.

Info: Hinter Schwärzenbach kommt der Feldberg (1 493 m) in Sicht. Er ist mit dem Fernsehturm auf seinem Rücken weithin sichtbar.

3 · 5 km · L172

Nach Steingremmen rechts auf die L172 und 5 km – durch Eisenbach hindurch – in Richtung Neustadt.

Strecke: Kurvige Strecke mit gutem Belag.

4 · 7 km · K4992

Nach Eisenbach links auf die K4992, dann 7 km Richtung Friedenweiler/Rötenbach.

Strecke: Einsame, wellige Strecke.

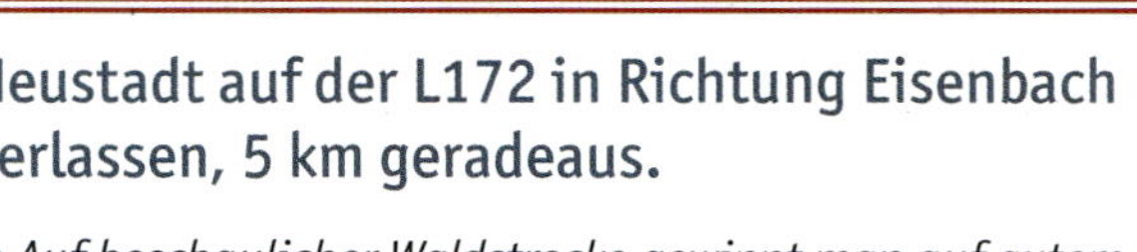

5 — 12 km — B31

Vor Rötenbach zweimal rechts und über die Auffahrt auf die B31, dann 12 km Richtung Donaueschingen.

Strecke: Viel Verkehr, aber landschaftlich reizvoll. Vor Döggingen Einfahrt in den Dögginger Umgehungstunnel.

Info: Überquerung der Gauchach, die sich tief in den Kalkstein gegraben hat, über eine imposante, rund 40 Meter hohe Talbrücke. Beim Posthaus (Am Kupferbrunnen) südwestlich von Döggingen beginnt die Gauchachschlucht. Von hier aus hat man Zugang zum Schluchtensteig, einem 118 Kilometer langen Fernwanderweg durch den Südschwarzwald (www.schluchtensteig-schwarzwald.de).

6 — 1 km — –

Gleich hinter dem Tunnel rechts abfahren und 1 km ins Dögginger Zentrum.

Strecke: Stop-and-Go durch den Ort.

7 — 3 km — K5739

Im Zentrum links auf die Johannes-Schmid-Straße, 3 km über die K5739 Richtung Mundelfingen.

Strecke: Sanfte Bergrücken mit intensiver Feldwirtschaft.

A Donaueschingen

Strecke: Ab Döggingen über die B31 und der Beschilderung folgen, 12 Kilometer.

Info: Die Attraktion der Stadt Donaueschingen ist die Donauquelle – in den Augen der Stadtväter der einzige und wahrhaftige Ursprung der jungen Donau. Die gefasste Karstquelle liegt neben dem Fürstlich Fürstenbergischen Schloss und ist mit Skulpturen des Bildhauers Adolf Heer geschmückt: »Mutter Baar« weist ihrer »Tochter«, der jungen Donau, den Weg.

8 · 17 km · L171

Jetzt an der T-Kreuzung rechts auf die L171. Der Straße 17 km bis nach Bonndorf folgen.

Strecke: Hinter Mundelfingen wedeln wir an den steilen Hängen der Gauchach-Schlucht talabwärts bis zur Überquerung der wilden Wutach.

Info: Das Wutachtal gilt als der »Grand Canyon des Schwarzwaldes« und ist seit 1939 Naturschutzgebiet – 1 200 Pflanzenarten finden sich hier. Das Tal ist Wanderern vorbehalten.

9 · 15 km · B315

In Bonndorf geradeaus auf die B315 wechseln (im Ort rechts halten) und 15 km Richtung Lenzkirch.

Strecke: Gemütliche, sanft schwingende Überlandfahrt.

Info: Auf diesem Streckenabschnitt sind immer noch Spuren des Orkans Lothar zu erkennen, der im Jahr 1999 fast im gesamten Schwarzwald verheerende Schäden anrichtete.

Restaurant- und Hotel-Tipp: Die Brauerei-Gaststätte Rogg in Lenzkirch ist eine traditionsreiche Privatbrauerei mit günstigen Fremdenzimmern. Spezialität des Hauses ist das Braumeisterschnitzel.

Brauerei-Gaststätte Rogg, Bonndorfer Straße 61, 79853 Lenzkirch, Tel. 076 53/700, www.brauerei-rogg.de €

Die Wutachschlucht mit ihren typischen weißen Muschelkalkwänden.

10
8 km
L156

In Lenzkirch links auf die L156 und 8 km Richtung Schluchsee.

Strecke: Kurvig, steil und schön.

11
11 km
B500

In Schluchsee links auf die B500, 11 km Richtung Waldshut und Häusern.

Strecke: Top-Kurven auf Top-Belag mit Schluchseeblick.

Info: Der Schluchsee, ein Überbleibsel aus der letzten Eiszeit, ist mit 8 Kilometer Länge, 1,5 Kilometer Breite und 60 Meter Tiefe der größte im Schwarzwald. Er ist gut zugänglich und bietet mit seinen vielen Buchten, Liegewiesen und Strandbädern ideale Bademöglichkeiten.

Event-Tipp: Jeden Sonntagmorgen Biker-Treff am Parkplatz beim See, links gegenüber der Staumauer.

12
3,5 km
L149

In Häusern halbrechts fahren und von der B500 auf die L149 wechseln, dann 3,5 km bis St. Blasien.

Strecke: Zügige Abfahrt ins Tal.

Der Schluchsee rückt ins Bild.

13

13 km

L150

In St. Blasien links auf die L150 und 13 km in Richtung Todtmoos folgen.

Strecke: Zunächst leicht wellig, vor Todtmoos dann traumhafte Wald-Wedel-Strecke. Übersichtliche S- und Doppel-S-Kurven ermöglichen ideale Lastwechsel.

Info: Die Attraktion in St. Blasien ist der frühklassizistische Dom (1771–83) der Stadt, eine vom römischen Pantheon inspirierte Kuppelkirche. Die etwas zu groß geratene Domkuppel thront wie eine überdimensionale Käseglocke über dem Albtal. Sie ist mit 62 Metern Höhe und einem Durchmesser von 36 Meter nach dem Vatikan und Florenz eine der größten Kirchenkuppeln Europas.

Der Dom St. Blasius und seine riesige Kuppel.

14

11 km

L151

In Todtmoos rechts auf die L151, der Straße 11 km in Richtung Todtnau/Präg folgen.

Strecke: Schönster Streckenabschnitt der Tour. Gegen Ende der Etappe extreme Kurven auf bestem Belag. Hier ist für jeden etwas geboten: für Sportler ein wahrer Kurvenrausch, für Cruiser fantastische Ausblicke bis zum Belchen.

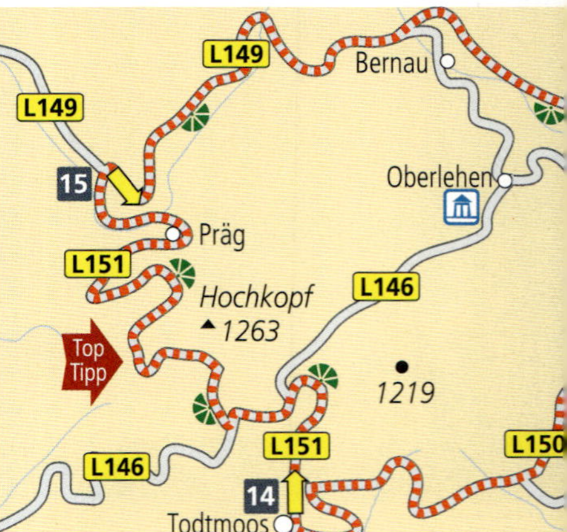

15

13 km

L149

In Präg rechts auf die L149, dann 13 km bis nach Bernau und durch den Ort hindurch.

Strecke: *Im Kurvenrausch durch den Präger Gletscherkessel.*

Info: Den Präger Gletscherkessel – ein Relikt aus der letzten Eiszeit – kann man von Präg aus zu Fuß auf einem Rundweg erkunden, der an drei kleinen Gletscherseen vorbeiführt.

Bernau liegt am Fuß des zweithöchsten Schwarzwaldberges, dem Herzogenhorn (1 415 m). Der Ort wurde einst beim Wettbewerb »Unser Dorf soll schöner werden« ausgezeichnet. Im Ortsteil Oberlehen kann der Resenhof besichtigt werden, ein kleines Museum in einem über 200 Jahre alten Bauernhaus, das über das in dieser Region erfundene Schnefeln (Schnitzen) informiert.

Holzschnefler- und Bauernmuseum Resenhof, Resenhofweg 2, 79872 Bernau-Oberlehen, Tel. 076 75/16 00 40, www.bernau-schwarzwald.de, Jan.–Pfingsten Mi, So 14–17 Uhr, Pfingstsonntag–Nov. Mi–So 14–17 Uhr.

16

11 km

L146

Hinter Bernau-Weierle links auf die L146, dann 11 km Richtung Menzenschwand und Aha.

Strecke: *Lange Kurven – mal rauf, mal runter – mit fantastischer Aussicht zurück ins Tal und kurz vor Aha auf den Schluchsee.*

Durchs idyllische Bernautal.

17
5,5 km
B500

In Aha links auf die B500 und der Straße 5,5 km über Altglashütten in Richtung Titisee folgen.

Strecke: Gewohnt geniale B500.

Restaurant- und Hotel-Tipp: Pension-Café-Konditorei Häberle in Altglashütten. Hans Jürgen Häberle ist selbst Motorradfahrer und hat viele Touren-Tipps auf Lager.

Pension-Café-Konditorei Häberle, Windgfällstraße 5, 79868 Feldberg-Altglashütten, www.cafe-haeberle.de, Tel. 076 55/535, Küche durchgehend, Mi+Do Ruhetage.

18
7,5 km
B500

In Feldberg-Bärental rechts, weiterhin auf der B500, 7,5 km Richtung Titisee-Neustadt.

Strecke: Kurvig und schnell, leider oft viel Verkehr.

Info: Eine Rundfahrt über den Titisee ist lohnenswert – entweder mit einem der Ausflugsdampfer oder mit einem geliehenen Boot.

Bootsbetrieb Schweizer, Seerundweg 1, 79822 Titisee, Tel. 076 51/82 14, www.bootsbetrieb-schweizer-titisee.de, Verleih Ostern–Okt.

19
3 km
B31

In Titisee rechts auf die B31 und 3 km Richtung Neustadt – zurück zum Ausgangspunkt.

Strecke: Unspektakulär und zügig zurück nach Neustadt.

Info: Die Doppelstadt Titisee-Neustadt ist ein heilklimatischer Kurort, der 1971 durch Zusammenlegung der Ortschaften Titisee und Neustadt entstand. Vor allem in Titisee dreht sich alles um den Fremdenverkehr. Kein Wunder, denn der kristallklare, 2,5 Kilometer lange und bis zu 750 Meter breite Titisee ist ein touristischer Magnet mit hohem Freizeitwert, der im Sommer Scharen von Besuchern anzieht.

Wer den See nicht schwimmend vom Strandbad aus (Pfingsten–Sept.) oder per Ausflugsboot erkunden will, sollte zumindest einen Bummel auf der einladenden Seepromenade genießen.

Strandbad am Titisee, 79822 Titisee-Neustadt, Mai–Sept. 9–19 Uhr.

A Waldau

Strecke: Von Neustadt über die L156 bis Hölzlebruck, hier rechts und auf kleiner Straße nach Waldau (10 Kilometer).

Restaurant- und Hoteltipp: Das Gasthof-Hotel Zur Traube im kleinen, beschaulichen Waldau ist ein uriger Schwarzwaldgasthof mit Garage und Biergarten. Moderne, im Landhausstil eingerichtete Zimmer.

Gasthof Zur Traube, Sommerbergweg 1, 79822 Titisee-Neustadt/Waldau, www.traube-waldau.de, Tel. 076 69/22 90, Do–Mo durchgehend, Di, Mi ab 17 Uhr. €€

Schwarzwald
Schauinsland
Hochschwarzwald, Feldberg und Belchen
5

 129 km  ★★★★★  ★★★★

(A) Ausgangsort
Freiburg (79098)

(E) Zielort
Freiburg (79098)

Straßentypen (in Prozent der Streckenlänge)

70	30

- Landstraße/asphaltierte Nebenstraße
- Bundesstraße/Schnellstraße

Diese Tour können Sie mit Route 2 und 4 kombinieren.

ℹ Tourist-Information
Rathausplatz 2–4
D-79098 Freiburg im Breisgau
Tel. 07 61/388 18 80
touristik@fwtm.freiburg.de
www.freiburg.de

(→ *weitere Adressen siehe Seite 186*)

Anspruchsvoll und atemberaubend schön: Die Schauinsland-Rennstrecke galt einst als die schwierigste Bergrennstrecke Europas. Leider ist sie inzwischen an Wochenenden und Feiertagen für Biker gesperrt. An den übrigen Tagen werfen sich Schräglagenfans von einer Kurve in die nächste. Die Tour führt über die Traditionsrennstrecke zu den schönsten Gipfeln des Schwarzwalds und durch das idyllische Münstertal zurück nach Freiburg.

Route 5
Frankfurt
Mainz
Saarbrücken
SÜD-
DEUTSCHLAND
FRANK-
REICH
Stuttgart
München
SCHWEIZ
ÖSTERREICH
TSCHECH. REP.
B31a
(287)
E A 1
B3
Pfaffenweiler
L122
Merzhausen
Wittnau
Günterstal
L124
FREIBURG im Breisgau
L133
Ebnet
L127
L133
Stegen
Dreisam
B31
Kirchzarten
Wiesneck
Buchenbach
L128
Falkenhof
K4907
Wagensteig
Fallerhof
Neuhäusle
Waldau
L128
L128
Josenhof
B31
B500
Naturpark
Jostal
Kibfelsen 837
Rappeneck 1010
L126
Falkensteig
Ehren-kirchen
L122
Bollschweil
Bad Krozingen
B3
L123
Möhlin
Top Tipp
L124
11
Schauinsland
1284
Oberried
Vörlins-bach
L126
Zastler
A
Erlenbacher Hütte
w a
Ödenbach
B31
Oberhöllsteig
Titisee
B31
B500
4
Hochfirst 1190
10
Stohren
Zähringer Hof
L124
Baden-Württemberg
Toter Mann 1321
Wieswald-Kopf 1270
Hinterzarten
Rinken
Titisee
B500
K4962
B317
B315
K4957
9
Spielweg
Notschrei
Feldberg 1493
K4962
B317
5
Bärental
L123
Kropbach
Dottingen
L123
L126
Hoch
Muggenbrunn
schwa
B500
Altglashütten
Feldberg
B317
Staufen im Breisgau
L123
Hörnle 1187
Lenzkirch
Münstertal/Schwarzwald
Sulzburg
Wiedener Eck
8
Wieden
L126
Fahl
Brandenberg
1415
Herzogen-horn
1349 Spießhorn
Bildstein 1142
Heidstein 1275
K6341
Obermulten
L123
Gasthof Lawine
B146
Äule
B500
L131
Belchen 1414
Todtnau
6
B317
Südschwarzwald
Schluchsee
Münsterhalden
L142
Oberböllen
c
Menzenschwand
Habsberg 1274
Schluchsee
Route
2,5 km
L131
Aitern
7
Utzenfeld
Gschwend
B317
L149
Dorf
Bernau
L149
L131
Alb

Tour-Stationen auf einen Blick

Tourlänge: 129 km

Nr.	Ort	PLZ	GPS-Koordinaten
A	Freiburg	D-79098	N 47.59.375 E 07 50.878
2	Notschrei	D-79254	N 47 52.609 E 07 54.540
3	Kirchzarten	D-79199	N 47 85.321 E 07 56.704
4	Titisee	D-79822	N 47 54.045 E 08 08.953
5	Bärental	D-79868	N 47 52.212 E 08 05.620
6	Feldberg	D-79868	N 47 51.359 E 08 02.151
7	Todtnau	D-79674	N 47 49.612 E 07 56.531
8	Utzenfeld	D-79694	N 47 47.915 E 07 54.311
9	Wiedener Eck	D-79695	N 47 50.702 E 07 52.011
10	Spielweg	D-79244	N 47 53.032 E 07 50.751

Nr.	Ort	PLZ	GPS-Koordinaten
11	Stohren	D-79244	N 47 53.580 E 07 52.517
12	Gasthaus Giesshübel	D-79244	N 47 54.023 E 07 52.093
13	Schauinslandstraße	D-79244	N 47 54.566 E 07 52.992
14	Günterstal	D-79100	N 47 57.928 E 07 51.405
E	Freiburg	D-79098	N 47.59.375 E 07 50.878

Die Übersicht ist fortlaufend nummeriert und enthält neben den Etappenpunkten zur Orientierung ggf. weitere Orte entlang der Route; Referenzsystem der GPS-Koordinaten: WGS84

1 Ⓐ

24 km / L124

Freiburg auf der L124 nach Süden verlassen und 24 km – über Günterstal in Richtung Todtnau – bis zum Notschrei-Pass.

TOP TIPP *Strecke:* Ideale Wedelstrecke auf der ehemaligen Bergrennstrecke mit zwölf Prozent Steigung, 800 Metern Höhenunterschied und insgesamt 175 Kurven! Achtung: Gesperrt für Motorräder an Wochenenden und Feiertagen.

Info: Von 1925 bis 1984 wurden am Schauinsland 38 Rennen um den »Internationalen ADAC-Bergpreis« ausgetragen. Die Schauinsland-Strecke galt damals als schwierigste Bergrennstrecke Europas und die Wettfahrt als bedeutendstes Bergrennen in Deutschland. Als dann in den 1980er-Jahren die Diskussionen zu Themen wie Waldsterben und Naturschutz lauter wurden, stellte man das Motorsportereignis ein. Heute finden auf der Route nur noch Oldtimer-Rallyes mit festgelegten Durchschnittsgeschwindigkeiten statt.

Event-Tipp: Aufgrund der Streckensperrung an Wochenenden hat sich der Freitag als »Motorradtag« auf dem Schauinsland etabliert. Man trifft sich nach wie vor auf der Holzschlägermatte zwischen Horben-Bohrer und Schauinsland, auch wenn das gleichnamige Gasthaus zurzeit geschlossen ist.

A Alternative am Wochenende

Strecke: Freiburg Richtung Westen über die B31 verlassen, 9 Kilometer bis Kirchzarten und weiter (siehe **3**) bis Titisee.

Info: Wegen der Sperrung der Schauinsland-Strecke bleibt Bikern am Wochenende nur der direkte – natürlich weitaus weniger spannende – Kurs über die B31 durch das Höllental.

Auf der Ideallinie an der Holzschlägermatte vorbei zum Schauinslandgipfel.

2

14,5 km

L126

3

20 km

B31

Hinterm Schauinslandgipfel am Notschrei-Hotel links auf die L126 und 14,5 km über Oberried bis nach Kirchzarten fahren.

Strecke: 14 Prozent Gefälle und kernige Haarnadelkurven lassen jedes Bikerherz höher schlagen.

Bei Kirchzarten – erst links über die Auffahrt – rechts auf die B31 und 20 km bis Titisee.

Strecke: Viel befahrene Bundesstraße, aber landschaftlich spektakulär.

Info: Hinter dem Buchenbacher Ortsteil Himmelreich beginnt die Fahrt durchs Höllental: Bis zu 600 Meter tief hat sich der Rotbach hier durch den Fels gefressen – und langsam wird es dunkel. An der engsten Stelle kann man auf einem Felsvorsprung einen bronzenen Hirsch erkennen, den die Gemeinde Falkensteig im Jahr 1907 dort aufgestellt hat. Der Sage nach rettete sich an dieser Kluft, dem sogenannten »Hirschsprung«, ein von einem Ritter der Burg Falkensteig gehetzter Hirsch mit einem kühnen Sprung auf die andere Talseite.

A Erlenbacher Hütte

Strecke: In Oberried rechts, 3 Kilometer auf der Stichstraße bis Erlenbach.

Restaurant-Tipp: Die Erlenbacher Hütte ist ein schwarzwaldtypischer Berggasthof in unmittelbarer Nähe zum Feldberg. Es gibt badische Spezialitäten aus regionalen Produkten und eine gemütliche Sonnenterrasse.
Berggasthof Erlenbacher Hütte, Erlenbach 1, 79254 Oberried, Tel. 076 61/45 18, Di–So 10–22 Uhr.

Unschlagbare Lage: die Erlenbacher Hütte.

4

7,5 km
K4962

Jetzt rechts über die Neustädter Straße in den Ort. Nach 500 m wieder rechts auf die Seestraße (K4962) und 7 km bis nach Bärental.

Strecke: Breite, gut ausgebaute Straße entlang des Titisees.

Info: In Bärental lohnt sich ein Besuch im 1. Badischen Schnapsmuseum. Neben seinem Café Zum gscheiten Beck hat der Besitzer Erich Bizenberger diese kleine Brennereiausstellung ins Leben gerufen. Fast beiläufig stehen in der Garage auch Perlen aus frühen Biker-Tagen, z. B. einige Maicos und NSUs sowie ein altes Horex-Gespann.

Café Zum gscheiten Beck, Bahnhofstraße 3, 79868 Feldberg-Bärental, Tel. 076 55/341, www.gscheiter-beck.de, Museum ganztags geöffnet, Schaubrennen Mi+Sa ab 12 Uhr, Führungen nach Vereinbarung.

5

16 km
B317

In Bärental rechts auf die B317 und über Feldberg 16 km bis Todtnau fahren.

Strecke: Die ideal präparierte Straße schwingt sanft durch eine der schönsten und höchst gelegenen Landschaften des Schwarzwalds.

Info: Die Passhöhe am Feldberg liegt bei 1 200 Meter. Die letzten 175 Höhenmeter bis zum Vorgipfel kann man mit der Feldbergbahn erklimmen und dann einen fantastischen Rundumblick genießen.

Tipp: Gasthof Lawine

Info: Der Gasthof Lawine in Fahl, am Fuße des Feldbergs, bietet alles, was Biker glücklich macht: Garage, Schrauberecke, Trockenraum und einen Biergarten. Der Chef des Hauses fährt selbst Motorrad und verrät gerne seine besten Touren-Tipps.

Lawine Hotel Restaurant, 79674 Todtnau-Fahl, Tel. 076 76/933 30, www.lawine.de

6

6 km

B317

In Todtnau geradeaus, weiterhin auf der B317, in Richtung Schönau und 6 km bis Utzenfeld.

Info: Eine rasante Freizeit-Attraktion des Luftkurorts Todtnau ist der drei Kilometer lange Hasenhorn Coaster, die längste Sommerrodelbahn Deutschlands. Zum Startpunkt gelangt man bequem mit dem Sessellift (www.hasenhorn-rodelbahn.de).

Restaurant- und Hotel-Tipp: Direkt am Hasenhorn-Coaster liegt die Pfeffermühle, eine beliebte, gradlinige Motorrad-Kneipe. Hier stärkt man sich mit Spaghetti Carbonara oder führt beim Sonntagsbrunch (10–12 Uhr) auf der Sonnenterrasse entspannte Benzingespräche. Wirt Andy ist selbst Biker, liebt die Rolling Stones und glänzt durch seine profunden Whisky-Kenntnisse. Vermietet werden auch zwei Ferienwohnungen für 5 und 8 Personen, Garage inklusive. Biker-Kneipe Pfeffermühle, Lindenstraße 6, 79674 Todtnau, Tel. 076 71/427, www.motorraderlebnis-schwarzwald.de €

Event-Tipp: Jedes Jahr an Christi Himmelfahrt laden das Touristenbüro und der MC Todtnau zum Black-Forest-Motorbike-Weekend ein. Auf dem Programm stehen geführte Ausfahrten, Livemusik, eine Biker-Party sowie ein Motorradgottesdienst. Das Event ist sehr beliebt, deshalb spätestens bis Dezember anmelden. Informationen: www.motorrad-schwarzwald.de

Mit dem Motorrad leider nicht mehr zu erreichen: das Gipfelhaus auf dem Belchen.

7

12 km
L142

Bei Utzenfeld in der abknickenden Vorfahrtstraße geradeaus auf die L142 in Richtung Belchen, dann 12 km bis zum Wiedener Eck fahren.

Strecke: Traumhafte Wald-Wedelstrecke bergauf mit gutem Belag.

Info: Auf halber Strecke besteht an der Talstation der Belchen-Bahn die Möglichkeit zum Höhenflug. Mit der knallgelben Expo-Skyliner-Seilbahn gleitet man in rund fünf Minuten zur majestätischen Kuppel des Belchen. Das Panorama hier oben ist überwältigend! Einkehrmöglichkeit auf dem Gipfel.

Letzte Seilbahn-Fahrt um 17 Uhr bzw. 19 Uhr (Juli–Sept.), www.belchen-seilbahn.de

8

8 km
L123

Am Wiedener Eck links auf die L123, dann 8 km bis zum Abzweig Stohren fahren.

Strecke: Genuss- und kurvenreich durch eines der schönsten Täler im Schwarzwald mit herrlichen Blicken in die Tiefe.

Info: Absolut sehenswert und einzigartig: Im Münstertaler Ortsteil Spielweg befindet sich das größte Bienenkundemuseum Europas.

Bienenmuseum, Kurverwaltung, 79244 Münstertal-Spielweg, Tel. 076 36/707 30, www.bienenkundemuseum.de, Mi, Sa, So 14–17 Uhr und nach Vereinbarung.

9 · 5 km · K4957

Auf freier Strecke (in scharfer Linkskurve) rechts auf die K4957 abbiegen, der Straße 5 km über Stohren bis zum Gasthaus Giesshübel folgen.

Strecke: Herzhafte 18 Prozent Steigung auf windungsreicher Waldpiste. Achtung: Weiterfahrt zur Schauinsland-Strecke nur an Wochentagen!

Restaurant- und Hotel-Tipp: Der Zähringer Hof liegt idyllisch und abgelegen direkt unterhalb des Schauinsland. Übernachten kann man in gemütlichen, regionstypisch eingerichteten Zimmern. Spezialität des Restaurants ist frische Forelle. Garage leider nur gegen Aufpreis.
Gasthaus-Pension Zähringer Hof, Stohren 10, 79244 Münstertal, Tel. 076 02/256, www.zaehringerhof.de, Mi–So 10–21 Uhr €€

10 · 2 km · –

Am Gasthaus Giesshübel geradeaus und 2 km bis zur Einmündung in die L124 fahren.

Strecke: Sanft schwingend auf akzeptabler Waldpiste.

11 · 14 km · L124

Jetzt links auf die Schauinslandstrecke (L124) und 14 km zurück zum Ausgangspunkt Freiburg.

Strecke: Achtung! Sperrung an Wochenenden berücksichtigen.

Ⓔ

Am Westhang des Schauinsland.

A Alternative am Wochenende

Strecke: Bei Münstertal-Spielweg (siehe 8) weiter auf der L123 nach Staufen. Dann über die L125 und L122 über Ehrenkirchen nach Freiburg.

Info: An Wochenenden und Feiertagen zwingt das Streckenverbot zu einem ebenfalls reizvollen Umweg über Staufen und durch das Hexental zurück zum Ausgangspunkt (ca. 30 Kilometer).

Schwarzwald
Täler, Türme und Trompeten
Hotzenwald, Hochrheintal
6

(A) **Ausgangsort**
Rothaus (79865)

(E) **Zielort**
Rothaus (79865)

 197 km    ★★★★★     ★★★★

Straßentypen (in Prozent der Streckenlänge)

75	25

■ Landstraße/asphaltierte Nebenstraße
■ Bundesstraße/Schnellstraße

Diese Tour können Sie mit Route 4 kombinieren.

[i] **Tourist-Information Grafenhausen**
Schulstraße 1
D-79865 Grafenhausen
Tel. 077 48/520 41
info@grafenhausen.de
www.grafenhausen.de

(→ *weitere Adressen siehe Seite 186*)

Die spektakulärste aller Schwarzwaldtouren! Sie erfordert gute Kondition und bietet zahllose Möglichkeiten zum Schräglagentraining. Ein Großteil der Pisten führt durch eine grandiose Landschaft und ist in gutem Zustand. Das Albtal zwischen Albbruck und St. Blasien ist die Königsetappe der Tour. Achtung: In den tief eingeschnittenen Tälern besteht Steinschlaggefahr und nicht selten liegen kleine Brocken auf der Straße.

Route 6
Frankfurt
Mainz
Saarbrücken
SÜD-DEUTSCHLAND
TSCHECH. REP.
FRANK-REICH
Stuttgart
München
DEUTSCHLAND
ÖSTERREICH
SCHWEIZ
DEUTSCHLAND
Schluchsee
B500
B500
L170
L170
L170
2
B315
Ebnet
Wellen-dingen
L159
L169
Hochstaufen
1095
E
A
Rothaus
1
Hochschwarzwald
Hochkopf
1263
Bötzberg
1209
L149
St. Blasien
L150
L149
10
11
L151
L150
Bernau
L157
Grafenhausen
L157
Bett-maringen
K6593
K6594
Schönenbach
Birkendorf
K6555
Häusern
Höchenschwand
Brenden
L157
Mauchen
Todtmoos
6
L148
L151
Berghütte
Baden-Württemberg
Wittenschwand
L154
12
Heppenschwand
Strittberg
13
Schwarza
Ühlingen
L159
Zell
im Wiesental
Mambach
Sonnenmatt
Gersbach
Wehr-halden
Wolpadingen
B500
L154
Nöggenschwiel
14
Witznauer
Stausee
L157
Unter-mettingen
L158
Eggingen
Hohe Möhr
983
Schlecht-bach
Klein-herrischwand
Giersbach
997
A
Gugelturm
Gugeln
K6557
15
Dietlingen
A
Witznau
K6556
Detzeln
Horheim
481
Wutöschingen
Degernau
Wieslet
Schopf-heim
Kürnberg
Herrischried
Strittmatt
Burg
Top Tipp
Remet-schwiel
Weilheim
16
17
L159
Erdmanns-höhle
A
Hasel
L151
Wehra
Stausee
Ober-gebisbach
Segeten
L153
L154
B500
Schlücht
Wutach
B314
B317
B518
L148
Hogschür
7
Görwihl
Eschbach
B500
Waldshut
3
A98
Hütten
L152
Hottingen
Birkingen
Lauchringen
Wehr
5
Rickenbach
Oberwihl
L154
Dogern
Kadelburg
B34
E54
Dossenbach
Berga-lingen
L151
Hänner
Rotzel
Albbruck
9
B34
B7
Leugern
Zurzach
Geißlingen
B518
Öflingen
Egg
Oberhof
L152
L151
B34
Rhein
Schwaderloch
Rheinheim
Wehr-Brennet
4
Niederhof
Laufenburg
Grünholz
SCHWEIZ
Döttingen
B34
E54
Rhein
Bad
Säckingen
8
Murg
Laufenburg
Aare
B5
B34
E54
Möhlin
A3
Route
5 km

Tour-Stationen auf einen Blick

Tourlänge: 197 km

Nr.	Ort	PLZ	GPS-Koordinaten
A	Rothaus	D-79856	N 47 47.711 E 08 14.716
2	Ebnet/Steinasäge	D-79848	N 47 48.411 E 08 18.727
3	Tiengen	D-79761	N 47 38.102 E 08 17.509
4	Wehr-Brennet	D-79664	N 47 35.097 E 07 54.340
5	Wehr	D-79664	N 47 37.963 E 07 54.362
6	Todtmoos	D-79682	N 47 44.063 E 08 00.154
7	Hogschür	D-79737	N 47 38.827 E 08 00.687
8	Hottingen	D-79736	N 47 37.535 E 08 00.203
9	Murg	D-79730	N 47 33.225 E 08 01.428
10	Albbruck	D-79774	N 47 35.493 E 08 08.035

Nr.	Ort	PLZ	GPS-Koordinaten
11	St. Blasien	D-79837	N 47 45.519 E 08 08.585
12	Häusern	D-79837	N 47 45.211 E 08 10.020
13	Heppenschwand	D-79862	N 47 43.464 E 08 09.337
14	Strittberg	D-79862	N 47 43.260 E 08 11.283
15	Nöggenschwiel	D-79809	N 47 41.558 E 08 12.809
16	Dietlingen	D-79809	N 47 40.430 E 08 14.650
17	Weilheim	D-79809	N 47 39.487 E 08 14.468
18	Witznau	D-79777	N 47 40.875 E 08 15.373
19	Birkendorf	D-79777	N 47 44.970 E 08 18.771
E	Rothaus	D-79856	N 47 47.711 E 08 14.716

Die Übersicht ist fortlaufend nummeriert und enthält neben den Etappenpunkten zur Orientierung ggf. weitere Orte entlang der Route; Referenzsystem der GPS-Koordinaten: WGS84

1 **8 km** L170

Von Rothaus auf der L170 Richtung Bonndorf, 8 km bis zum Abzweig nach Waldshut-Tiengen.

Strecke: Zügig befahrbare Landstraße zum Warmwerden.

Info: Die Badische Staatsbrauerei Rothaus – wie der Name verrät, heute in Besitz des Landes Baden Württemberg – wurde 1791 vom Abt des Benediktinerklosters Sankt Blasien gegründet. Angeblich, um den Schwarzwäldern das Schnapstrinken abzugewöhnen. Das bekannteste Rothaus-Bier ist das Tannenzäpfle-Pils (www.rothaus.de).

Restaurant- und Hotel-Tipp: Ein idealer Ausgangspunkt für die Tour ist der Brauerei-Gasthof Rothaus, direkt neben der Brauerei. Das 3-Sterne-Hotel ist beliebter Biker-Treff mit eigenem Biergarten hinterm Haus. Brauerei-Führungen werden vom Hotel aus organisiert.
Brauerei-Gasthof Rothaus, Rothaus 2, 79865 Grafenhausen, Tel. 077 48/522 96 00, www.brauereigasthof-rothaus.de, tgl. durchgehend geöffnet € €

2 **25 km** L159

Kurz vor dem Hotel Steinasäge scharf rechts auf die L159, dann 25 km geradeaus bis Waldshut-Tiengen.

Strecke: Das anfangs weitläufige Steinatal verengt sich zusehends und die Kurven werden entsprechend anspruchsvoller.

3

37 km

B34

In Tiengen rechts auf die B34 und der Bundesstraße 37 km über Waldshut, Laufenburg und Bad Säckingen bis nach Wehr-Brennet folgen.

Strecke: Kilometer machen auf der viel befahrenen Bundesstraße durch das Tal des Hochrheins, entlang der Grenze zur Schweiz.

Info: Das überaus pittoreske Städtchen Laufenburg wartet mit einer Besonderheit auf: Im Frieden von Lunéville (1801) erklärte Napoleon den Rhein zur neuen Staatsgrenze und Laufenburg wurde geteilt. Noch heute gibt es einen badischen und einen schweizerischen Stadtteil, die durch die Laufenbrücke miteinander verbunden sind. Die Laufenburger stört das wenig, seit jeher veranstalten sie gemeinsam Stadtfeste getreu dem Motto »Brugge sind do zum drüber go« – auf Hochdeutsch: »Brücken sind da, um darüber zu gehen.«

Bad Säckingen ist vor allem bekannt durch die berühmte Romanfigur »Der Trompeter von Säckingen«. In der Stadt trifft man immer wieder auf das Trompeten-Motiv, ein Trompetenmuseum gibt es auch. Noch berühmter ist die einzigartige, 200 Meter lange Holzbrücke aus dem Jahre 1571, welche Deutschland mit der Schweiz verbindet.
Trompetenmuseum, Trompeterschloss, 79702 Bad Säckingen, Tel. 077 61/22 17, www.trompetenmuseum.de, Di, Do, So (Mai–Sept. auch Mi) 14–17 Uhr.

Durch die malerische Altstadt von Laufenburg.

Holzbrücke über den Rhein in Bad Säckingen.

4
1,5 km
B518

In Brennet links von der B34 abfahren, über den Zubringer auf die B518 und 1,5 km bis Wehr.

Strecke: In sanften Schwüngen durch dicht besiedeltes Gebiet.

5
18,5 km
L148

In Wehr links auf die Öflinger Straße (L148) abbiegen, 2,5 km geradeaus durch die Stadt. Dann am Kreisel rechts und 16 km bis Todtmoos.

Strecke: In engen Kehren durch das Wehratal, eines der spektakulärsten Schwarzwald-Täler. Los geht's hinter dem Tunnel nach dem Stausee.

6
13 km
L151

In Todtmoos rechts auf die L151, der Straße 13 km – durch Giersbach und an Hogschür vorbei – folgen.

Strecke: Entspanntes Cruisen durch Felder und Wiesen auf einer Hochebene – später wird es wieder kurviger.

Hotel-Tipp: Das bikerfreundliche Haus Hotzenwald bietet preisgünstige Gästezimmer und eine Ferienwohnung.
Pension Haus Hotzenwald, Höfstraße 18, 79737 Herrischried-Wehrhalden, Tel. 077 64/62 92, www.haus-hotzenwald.de €

A Erdmannshöhle

Info: Erdmännchen sollen in alten Tagen hier unten gelebt haben, so erzählt es die Sage. Von mystischer Schönheit ist die Erdmannshöhle noch heute. Vier Meter hoch und zwei Meter dick ist der älteste Tropfstein. In Wehr links und über die Schopfheimer Straße auf die B518 – 4 km bis Hasel.
Tropfsteinhöhle Erdmannshöhle, 79686 Hasel, Tel. 077 62/80 99 01, tgl. 10–17 Uhr, April und Okt. Mo–Fr 13–17, Sa, So 10–17 Uhr.

A Gugelturm

Info: Von der Aussichtsplattform des Gugelturms kann man bis zu den Schweizer Alpen blicken. Am Fuße des Turms gibt es leckere Bratwurst. In Kleinherrischwand rechts, dann der Auffahrt 1 km bis zum Turm auf rund 1 000 Meter Höhe folgen.

7

13 km

L151

8

11 km

B34

Jetzt links abbiegen und 13 km, weiterhin auf der L151, über Hottingen und Hänner nach Murg.

Strecke: Jetzt haben wir die Schweizer Berge im Visier.

In Murg links auf die B34, diesmal zurück in Richtung Waldshut, und 11 km bis Albbruck.

Strecke: Wieder auf viel befahrener Bundesstraße durchs Hochrheintal – aber das Strecken-Highlight der Tour rückt immer näher!

Info: Erst im 19. Jahrhundert hat sich der Begriff Hochrhein etabliert, als Abgrenzung zu dem von Süden nach Norden fließenden Oberrhein. Der Hochrhein beginnt am Rheinausfluss aus dem Untersee bei Stein am Rhein, in Basel geht er dann in den Oberrhein über.

Event-Tipp: Ende Juli laden die Motorradfreunde Grunholz e. V. zum »Motorradfäscht« in Grunholz bei Laufenburg. Im großen Zelt werden jedes Jahr über 500 Besucher erwartet. Für gute, ausgelassene Stimmung sorgen Livemusik, Lagerfeuer und Bewirtung. Für Camper steht ein großer Zeltplatz zur Verfügung. Die Einnahmen der Veranstaltung werden für einen guten Zweck gespendet.
Informationen: Tel. 077 63/4308 oder 01 71/625 80 27.

Die Schweizer Bergwelt immer im Blick.

9
25 km
L154

In Albbruck hinter der Albbrücke links, dann 25 km auf der L154 immer geradeaus bis St. Blasien.

Strecke: Die atemberaubende Königsetappe durchs Albtal. Das Tal ist so steil und eng, dass die Straße in fünf aufeinanderfolgenden Tunnels durch den Naturstein getrieben wurde.

10
2,5 km
L149

In St. Blasien im Kreisel die erste Ausfahrt rechts auf die L149, dann 2,5 km bis Häusern.

Strecke: Schwungvoll bis zum nächsten Abzweig.

11
5 km
B500

In Häusern rechts auf die B500 abbiegen, 5 km bis zum Abzweig nach Strittberg bei Heppenschwand.

Strecke: Auf der gewohnt geschmeidigen B500.

Restaurant- und Hotel-Tipp: Der historische Landgasthof Rössle in Tiefenhäusern bei Höchenschwand hat schöne Gästezimmer und serviert leckere badische Gerichte – auch im Biergarten. Unterstellmöglichkeit, Schrauberecke, Trockenraum und Waschplatz vorhanden.

Landgasthof Rössle, Tiefenhäusern 12, 79862 Höchenschwand, Tel. 077 55/281, www.porten.de, Fr–Mi 11–24 Uhr €

Mit Tunnelblick durchs Albtal.

12 | 3 km | K6555

Jetzt links auf die K6555 abbiegen und 3 km bis nach Strittberg fahren.

Strecke: Höhenstraße mit tollen Ausblicken in alle Himmelsrichtungen.

13 | 4,5 km | –

Bei Strittberg rechts, an der Forenbachmühle vorbei, 4,5 km bis nach Nöggenschwiel.

Strecke: Auf enger, steiler Straße durch den Wald hinab ins Tal.

Info: Die Fohrenbachmühle ist rund 700 Jahre alt. Früher ließen die Bauern des Höchenschwander Bergs hier ihr Korn mahlen, heute wird die Mühle als Sägerei genutzt.

Rosenpracht, so weit das Auge reicht, findet man im Rosendorf Nöggenschwiel. Über 30 000 Stöcke sollen über den Ort verteilt stehen. Nöggenschwiel ist Station des 32 Kilometer langen Rosenwanderweges durch den Naturpark Südschwarzwald.

14 | 1 km | K6557

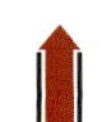

Geradeaus durch Nöggenschwiel und 1 km auf der K6557 Richtung Weilheim.

Strecke: Gemütliche Panoramastrecke.

A Witznauer Stausee

Strecke: Traumhafte Überland-Wedelstrecke als Abkürzung nach Witznau. In Nöggenschwiel links auf den Rosenweg und Witznauerweg – 4 Kilometer.

Info: Am verträumt gelegenen Witznauer Stausee finden sich immer Motorradfahrer ein. Die direkte Zufahrt zum Ufer ist möglich, das Baden aber leider verboten.

Restaurant-Tipp: In Witznau, nur einen Kilometer vom See entfernt, liegt idyllisch im Schlüchttal das Gasthaus Witznau. Auf der Speisekarte stehen leckere Wildgerichte, selbst gebeizter Rinderschinken und frisch gebackenes Brot aus eigener Herstellung.

Gasthaus Witznau, 79777 Ühlingen-Birkendorf, Tel. 077 47/215, www.gasthaus-witznau.de, Di–So ab 8.30 Uhr.

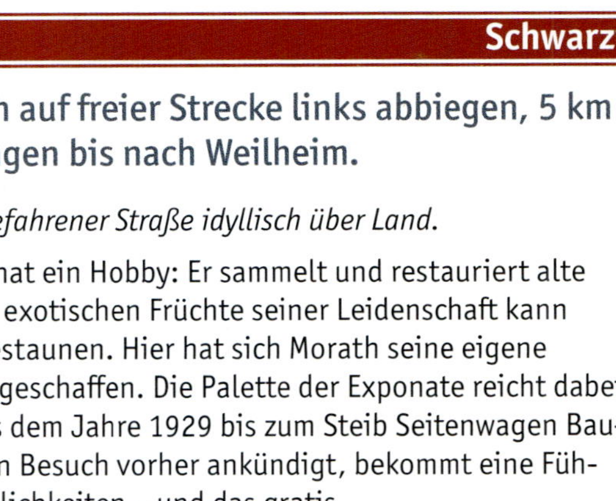

15 5 km –

Vor Heubach auf freier Strecke links abbiegen, 5 km über Dietlingen bis nach Weilheim.

Strecke: Auf wenig befahrener Straße idyllisch über Land.

Info: Walter Morath hat ein Hobby: Er sammelt und restauriert alte Motorräder. Die teils exotischen Früchte seiner Leidenschaft kann man in Dietlingen bestaunen. Hier hat sich Morath seine eigene kleine Museumswelt geschaffen. Die Palette der Exponate reicht dabei von der NSU501T aus dem Jahre 1929 bis zum Steib Seitenwagen Baujahr 1949. Wer seinen Besuch vorher ankündigt, bekommt eine Führung durch die Räumlichkeiten – und das gratis.

Motorrad Oldtimer & Technik Museum Walter Morath, Kapellenstraße 11, 79809 Weilheim-Dietlingen, Tel. 077 47/91 96 66.

16 2,5 km K6556

In Weilheim in den Ort und über die Dietlingerstraße zur Hauptstraße (K6556) fahren, hier links abbiegen und 2,5 km bis zur nächsten T-Kreuzung.

Strecke: Steil und kurvenreich runter ins Tal.

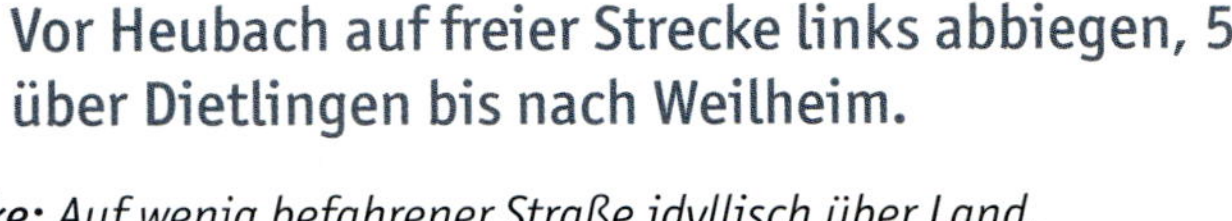

Walter Morath und seine »Babys«.

17

21 km

L157

Jetzt links auf die L157 abbiegen und der Straße 21 km – über Witznau, Birkendorf und Grafenhausen – zurück nach Rothaus folgen.

Strecke: Zum Finale geht es durch das Schlüchttal, die Fahrt ist fast so spektakulär wie durch das Wehratal.

Info: Kurz hinter Grafenhausen lohnt sich ein kurzer Stopp beim Heimatmuseum Hüsli. Erinnern Sie sich noch an dieses Haus? Der reizvolle, 1912 erbaute Schwarzwaldhof hat TV-Geschichte geschrieben: In den 1980er-Jahren diente er als Drehort für die europaweit populäre TV-Serie »Schwarzwaldklinik« – hier wohnte Dr. Brinkmann. Bemalte Decken, knorrige Fußböden, Kachelöfen und viele alte Bauernmöbel erwarten die Besucher in den Museumsstuben. Bestaunen kann man auch eine wertvolle Sammlung von Schnitzereien, Porzellan und Hinterglasmalerei aus der Region.

Heimatmuseum Hüsli, 79865 Grafenhausen-Rothaus, Tel. 077 48/212, April–Sept. Di–Sa 9.30–12 und 13.30–17 Uhr, So 13.30–17.30 Uhr, Okt.-März Di–Sa 10–12, 13.30–17, So 13.30–17 Uhr.

Schwarzwald-Idylle: das Hüsli-Museum.

Die Badische Staatsbrauerei Rothaus.

Oberschwaben
Ritter, Nixen,
Alpenzauber
Lenninger Tal, Blaubeurer Alb
7

(A) Ausgangsort
Owen (73277)

(E) Zielort
Isny (88316)

 147 km  ★★★   ★★★

Straßentypen (in Prozent der Streckenlänge)

10	90

■ Landstraße/asphaltierte Nebenstraße
■ Bundesstraße/Schnellstraße

Diese Tour können Sie mit Route 8 kombinieren.

i Tourist-Information Blaubeuren
Auf dem Graben 15
D-89143 Blaubeuren
Tel. 07344/92 10 25
www.blaubeuren.de

(→ *weitere Adressen siehe Seite 186*)

Auf der Schwäbischen Alb finden Biker ein unvergleichliches Revier. Die Route von Owen nach Isny bietet von allem etwas: enge und weite Kurven, Serpentinen, lange Geraden in der Ebene und im Gefälle. Zudem warten viele kulturelle Highlights und natürlich herrliche Landschaften. Das Land ist dünn besiedelt, die Bundesstraßen sind wenig befahren. Und am Ende der Tour locken am Horizont zum Greifen nah die Alpen!

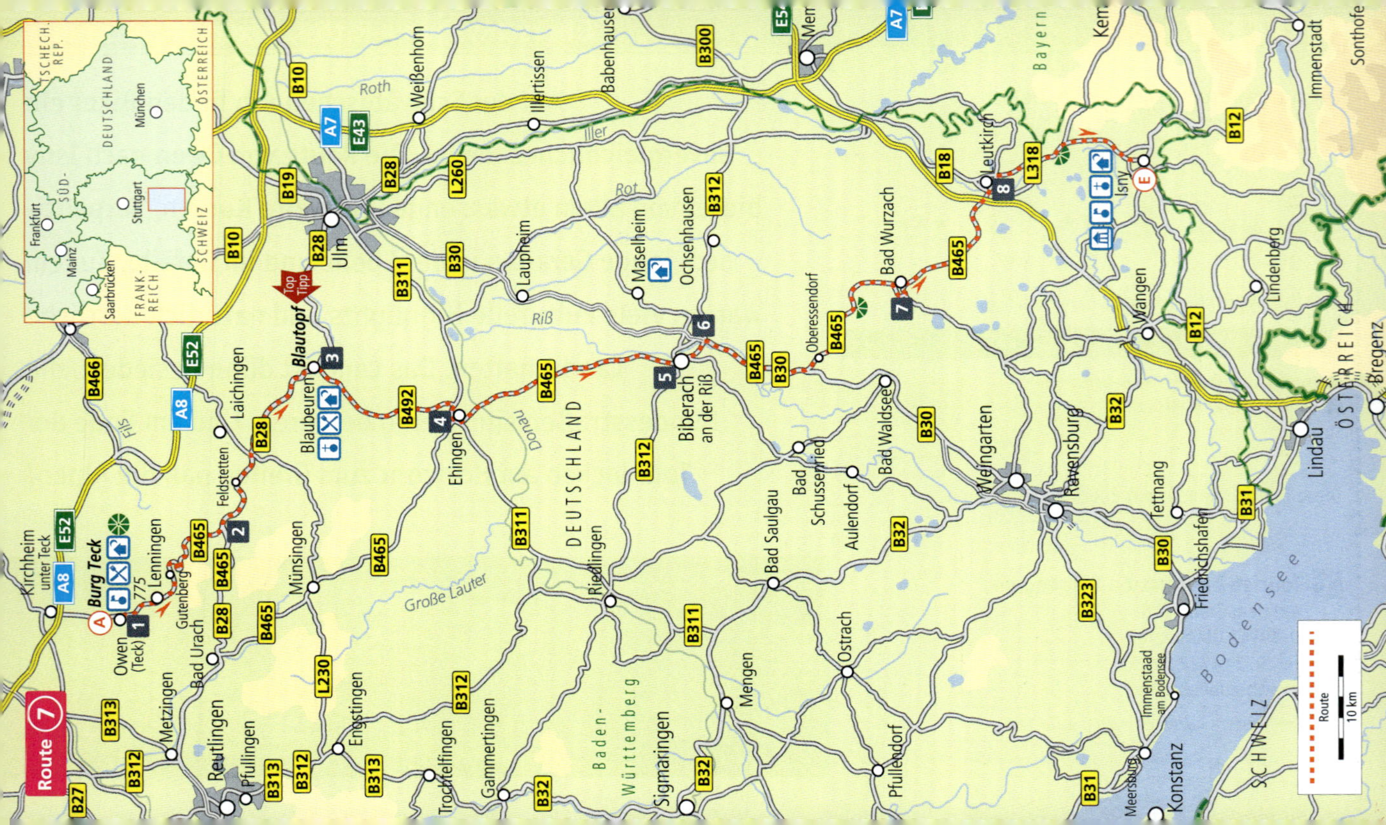

Route 7
TSCHECH. REP.
DEUTSCHLAND
ÖSTERREICH
München
Frankfurt
Mainz
Stuttgart
SÜD-
SCHWEIZ
Saarbrücken
FRANK-REICH
Bayern
Roth
Weißenhorn
Weißenhorn
Illertissen
Babenhausen
Iller
Rot
Maselheim
Ochsenhausen
Leutkirch
Bad Wurzach
Oberessendorf
Isny
Wangen
Kempten
Immenstadt
Sonthofen
Lindenberg
Bregenz
ÖSTERREICH
Ulm
Blaubeuren
Blautopf
Top Tipp
Laichingen
Feldstetten
Ehingen
Donau
Riß
Biberach an der Riß
Bad Waldsee
Bad Schussenried
Aulendorf
Weingarten
Ravensburg
Tettnang
Friedrichshafen
Lindau
Bodensee
Meersburg
Konstanz
SCHWEIZ
Münsingen
Große Lauter
Riedlingen
Bad Saulgau
Ostrach
Mengen
Pfullendorf
Immenstaad am Bodensee
Reutlingen
Pfullingen
Engstingen
Trochtelfingen
Gammertingen
Sigmaringen
DEUTSCHLAND
Baden-Württemberg
Kirchheim unter Teck
Burg Teck
Owen (Teck)
Lenningen
Gutenberg
Bad Urach
Metzingen
775
Fils
A8
E52
E52
A8
A7
E43
A7
E52
B466
B10
B19
B28
B10
B28
B28
B465
B465
B465
B28
B465
B28
B465
B313
B312
B27
B313
B312
B313
B312
L230
B465
B311
B492
B311
B311
B312
B312
B465
B32
B32
B32
B30
B30
B30
B30
B32
B32
B323
B31
B31
B30
B31
B12
B12
B12
L318
B18
B465
B465
B465
B465
B30
B300
L260
B300
B311
B311
B312
B312
1
2
3
4
5
6
7
8
A
E
Route
10 km

Tour-Stationen auf einen Blick

Tourlänge: 147 km

Nr.	Ort	PLZ	GPS-Koordinaten
A	Owen	D-73227	N 48 35,089 E 09 27.093
2	Gutenberg	D-73252	N 48 32.063 E 09 31.056
3	Feldstetten	D-89150	N 48 28.548 E 09 32.556
4	Blaubeuren	D-89143	N 48 24.231 E 09 47.187
5	Ehingen (Donau)	D-89584	N 48 17.415 E 09 43.777
6	Schemmerhofen	D-88433	N 48 10.432 E 09 46.839
7	Biberach an der Riß	D-88400	N 48 06.065 E 09 47.313
8	Oberessendorf	D-88436	N 47 59.348 E 09 46.703
9	Bad Wurzach	D-88410	N 47 54.373 E 09 53.293
10	Leutkirch	D-88299	N 47 49.411 E 10 01.595

Nr.	Ort	PLZ	GPS-Koordinaten
11	Friesenhofen	D-88299	N 47 45.588 E 10 04.020
E	Isny	D-88316	N 47 41.526 E 10 02.371

Die Übersicht ist fortlaufend nummeriert und enthält neben den Etappenpunkten zur Orientierung ggf. weitere Orte entlang der Route; Referenzsystem der GPS-Koordinaten: WGS84

1 · 20 km · B465

Owen auf der B465 Richtung Süden verlassen. 20 km über Lenningen und Gutenberg bis zur Einmündung in die B28 bei Zainingen.

Strecke: Kurvenreiche Fahrt durchs Lenninger Tal.

Info: Gut 370 Meter über Owen ragt die markante Burg Teck himmelwärts. Um 1135 bis 1150 erbaut, brannte sie 1525 im Bauernkrieg nieder. Nur Teile der Mauern sind noch mittelalterlich. Eine Straße führt von Owen bergan zu zwei Parkplätzen etwa auf halber Höhe – den Rest der Strecke muss man zu Fuß bewältigen. Einen fantastischen Blick ins Lenninger Tal hat man vom Aussichtsturm!

Restaurant- und Hotel-Tipp: Gleich drei gemütliche Gaststuben und ein mittelalterliches Schmaus-Spektakel (nur mit Anmeldung) sowie einfache Gästezimmer bietet das Wanderheim auf der Burg Teck. Wanderheim Burg Teck, Teckstraße 100, 73277 Owen-Teck, Tel. 070 21/552 08, www.burg-teck-alb.de €

2 · 21 km · B28

An der B28 links, auf der Bundesstraße 21 km über Feldstetten bis nach Blaubeuren – am Ort vorbei.

Strecke: Höhenstrecke mit langen Kurven und betörenden Ausblicken.

3

16 km

B492

In Blaubeuren beim Gewerbegebiet am Bahnhof rechts auf die B492, dann 16 km bis Ehingen.

Strecke: Gasgeben auf der Oberschwäbischen Barockstraße.

TOP TIPP

Info: Fast schon hypnotisierend wirkt das azurblaue Wasser des Blautopfs am nördlichen Stadtrand von Blaubeuren. Er ist eine der tiefsten (21 Meter) Karstquellen Deutschlands. Legenden ranken sich um diesen Ort. Die Tiefe der Quelle, so der Volksmund, sei lange Zeit nicht messbar gewesen, weil eine Nixe immer wieder das Gewicht des dazu notwendigen Bleilots stahl. Um den Blautopf verzweigt sich das unterirdische Labyrinth der Blauhöhlen. Die erste, luftgefüllte Höhle des Systems endeckte 1985 der Höhlenforscher Jochen Hasenmayer bei einem 1 250 Meter langen Tauchgang.

Das 1085 gegründete Benediktinerkloster Blaubeuren ist ein sehr sehenswerter Ort der Stille. Rund um einen Brunnen im Hof stehen alte Bäume, der Kreuzgang führt zur Brunnenkapelle, der Chorraum mit Hochaltar ist ein schönes Beispiel der Spätgotik.

Restaurant- und Hotel-Tipp: Der Gasthof Blautopf direkt an der berühmten gleichnamigen Quelle bietet italienische Küche, Fischgerichte und auch komfortable Zimmer für die Nacht.

Gasthof Blautopf, Blautopfstraße 4, 89143 Blaubeuren, Tel. 073 44/95 24 66, www.blautopf-blaubeuren.de €

In Blaubeuren weiß der Besucher, wo's lang geht.

Die Mühle am Blautopf.

4 — 25 km — B311 B465

In Ehingen rechts auf die Umgehungsstraße (B311) und 2 km am Zentrum vorbei. Dann links auf die B465 und 23 km bis Biberach an der Riß.

Strecke: Auf der Schwäbischen Dichterstraße durch grüne Landschaften.

Event-Tipp: Einzigartig in Deutschland: Beim Ehinger »Huzzla-Ra« werden am Kirchweihsamstag (drittes Oktoberwochenende) nach dem Zwölfuhrläuten Dörrbirnen (Huzzla) und andere Leckereien vom Turm der Stadtkirche geworfen und von den Kindern aufgesammelt.

5 — 4 km — B312

In Biberach links auf den Bismarkring und 1 km um die Altstadt, dann links auf die Waldseer Str. (B312) und 3 km bis zum großen Kreisel am Baggersee.

Info: Ein Besuch der Biberacher Altstadt empfiehlt sich: Der Marktplatz wird von prächtigen, barocken Bürgerhäusern gesäumt.

Hotel-Tipp: Das moderne Landhotel Maselheimer Hof liegt gut erreichbar an der Oberschwäbischen Barockstraße im Ortsteil Maselheim, 10 km nordöstlich von Biberach. Unterstellplätze vorhanden. Landhotel Maselheimer Hof, Kronenstraße 1, 88400 Maselheim-Biberach, Tel. 073 51/150 50, www.landhotelmaselheimerhof.de €€

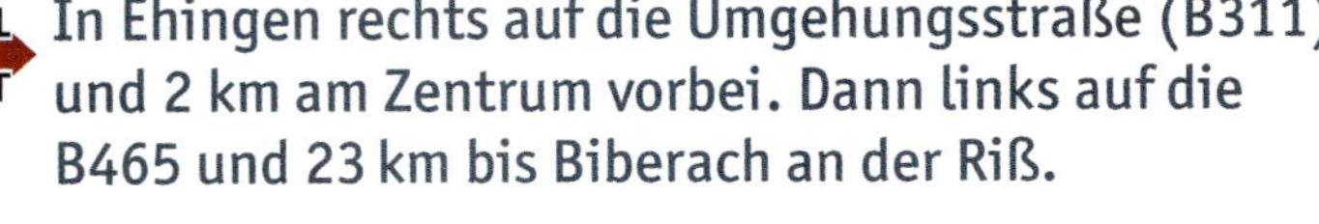

6

24,5 km
B30
B465

Am Kreisel rechts auf die B30 und 10,5 km bis kurz vor Oberessendorf. Hier links auf die B465 und 14 km bis nach Bad Wurzach.

Strecke: Berg- und Talstrecke, die Alpen rücken ins Bild.

7

16,5 km
B465

Hier rechts halten und die Stadt 1,5 km auf der B465 umfahren. Dann links auf die Ravensburger Straße (B465) und 15 km bis nach Leutkirch.

Strecke: In sanften Schwüngen durchs schwäbische Allgäu.

8

19,5 km
B465
B18
L318

Weiter auf der B465 Richtung Zentrum. Nach 1,5 km links auf die Wangener Straße (B18), dann rechts auf die Obere Vorstadtstraße und gleich wieder rechts auf die L318 – 18 km bis Isny.

Strecke: Landstraße mit schönen Ausblicken auf die Alpen.

Hotel-Tipp: Das motorradfreundliche Hotel Garni am Rossmarkt liegt nur zwei Gehminuten von der Isnyer Fußgängerzone entfernt.
Rossmarkt 8–10, 88316 Isny, Tel. 075 62/97 65 00, www.hotel-garni-isny.de €€

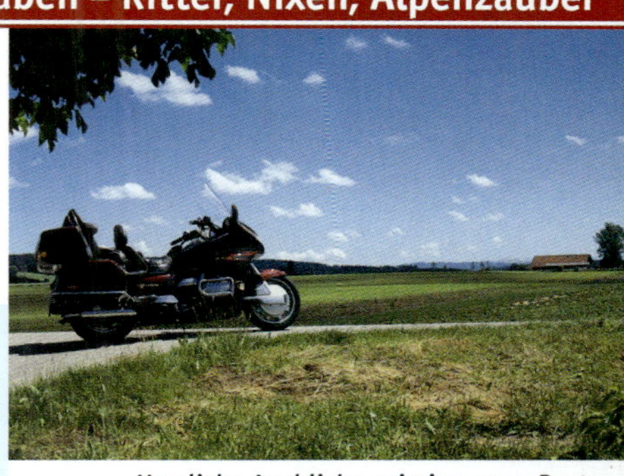

Herrliche Ausblicke animieren zur Rast.

Tipp: Isny

Info: Die Stadtmauer, Wehrtürme, Kirchen, das Schloss, die vielen Museen: Isny liegt an der Hauptroute der Oberschwäbischen Barockstraße und bietet jede Menge Sehenswürdigkeiten. Ein längerer Aufenthalt lohnt sich daher. Wer wenig Zeit hat, steuert am besten die barocke Fußgängerzone an und entspannt hier in einem der schönen Cafés (www.isny.de).

Mediterranes Ambiente

Überlinger See, Singen, Meersburg, Ravensburg

8

 105 km    ★★★★    ★★

(A) Ausgangsort
Singen (78224)

(E) Zielort
Weingarten (88250)

Straßentypen (in Prozent der Streckenlänge)

30	70

■ Landstraße/asphaltierte Nebenstraße
■ Bundesstraße/Schnellstraße

Diese Tour können Sie mit Route 7 kombinieren.

i Meersburg Tourismus
Kirchstraße 4
D–88709 Meersburg
Tel. 075 32/44 04 00
info@meersburg.de
www.meersburg.de

(→ *weitere Adressen siehe Seite 186*)

Beschwingt und federleicht führt diese Route durch sanfte Hügel, tiefe Wälder und beschauliche Dörfer, begleitet vom Grün der Wiesen und dem Blau des Bodensees. Das »schwäbische Meer« versprüht im Sommer ein heiteres, südländisches Flair. Auf der Promenade gleitet man gelassen vom Überlinger See über Meersburg bis ins oberschwäbische Ravensburg. Ideal für Anfänger, Wiedereinsteiger und genussbetonte Cruiser.

Route 8
Frankfurt
Mainz
SÜD-
TSCHECH. REP.
Saarbrücken
DEUTSCHLAND
FRANK-REICH
Stuttgart
München
SCHWEIZ
ÖSTERREICH
DEUTSCHLAND
L195
Pfullendorf
L194
Ostrach
Aulendorf
B313
Altshausen
Bad Waldsee
Ablach
Ostrach
L288
B32
B30
Wihelmsdorf
Schussen
L200
Stockach
L195
Aach
L201
L207
Baden-
Württemberg
L288
E41
A98
L205
A81
Ludwigshafen
B31n
Owingen
Hohenbodman
L205
Deggenhausertal
B30
B32
E41
B31
Sipplingen
B34
3
B31
E54
4
Überlingen
Roggenbeuren
E
Weingarten
A81
B33
Singen
686
B34
B33
B34
2
Birnau
Uhldingen-
Mühlhofen
Oberweiler
Oberweiler
B33
Taldorf
L317
Ravensburg
10
B32
Hohentwiel
A
1
Radolfzell
Wallfahrts-
kirche
St. Maria
5
Hepbach
Oberteuringen
B467
Zellersee
Gnadensee
B33
L219
Unteruhldingen
Markdorf
9
B33
K7742
Reichenau
Top Tipp
A
L201
7
Meersburg
6
L207
K7739
8
B30
Rhein
Untersee
13
Konstanz
B33
E54
B31
Immenstaad
am Bodensee
Top Tipp
Friedrichshafen
Tettnang
Stein
am Rhein
Bodensee
B31
B467
A96
16
1
Münsterlingen
Eriskirch
E54
Kressbronn
Untere Argen
E54
E43
B12
SCHWEIZ
A7
Thur
1
13
Langenargen
Bayern
B31
B308
14
16
14
Weinfelden
Romanshorn
Wasserburg
(Bodensee)
Lindau
A U
Route
5 km

Tour-Stationen auf einen Blick

Tourlänge: 105 km

Nr.	Ort	PLZ	GPS-Koordinaten
A	Singen	D-78224	N 47 45.761 E 08 50.487
2	Radolfzell	D-78315	N 47 44.717 E 08 58.326
3	Ludwigshafen	D-78351	N 47 49.064 E 09 03.489
4	Überlingen	D-88662	N 47 46.655 E 09 10.256
5	Uhldingen-Mühlhofen	D-88690	N 47 44.100 E 09 14.315
6	Unteruhldingen	D-88690	N 47 73.229 E 09 13.896
7	Meersburg	D-88709	N 47 41.644 E 09 16.012
8	Immenstaad	D-88090	N 47 40.044 E 09 21.708
9	Friedrichshafen	D-88045	N 47 39.603 E 09 28.437
10	Markdorf	D-88677	N 47 43.154 E 09 23.728

Nr.	Ort	PLZ	GPS-Koordinaten
11	Ravensburg	D-88214	N 47 46.169 E 09 36.104
E	Weingarten	D-88250	N 47 48.556 E 09 38.232

Die Übersicht ist fortlaufend nummeriert und enthält neben den Etappenpunkten zur Orientierung ggf. weitere Orte entlang der Route; Referenzsystem der GPS-Koordinaten: WGS84

1

10 km
B34
–

Singen in östlicher Richtung auf der B34 verlassen, 10 km über Böhringen bis Radolfzell.

Info: Hohentwiel heißt der 686 Meter hohe Felskegel westlich von Singen. Auf dem zuletzt vor zehn Millionen Jahren aktiven Vulkan wurde schon im frühen Mittelalter eine Burg errichtet, die im Laufe der Jahrhunderte zahlreiche Belagerungen überstand. Ihre Mauerreste bilden heute eine der größten Burgruinen Deutschlands und sind ein beliebtes Ausflugsziel (www.festungsruine-hohentwiel.de).

Restaurant- und Hotel-Tipps: Auf halber Höhe zur Festungsruine Hohentwiel liegt das Hotel Hohentwiel, ein idealer Ausgangspunkt für Touren in der Region. Einen hübschen Biergarten und auch günstige Fremdenzimmer bietet das Singener Gasthaus Kreuz. Im gleichen Haus untergebracht ist das Kulturzentrum GEMS. Hier kann man die Abende mit Theater, Film und Kabarett ausklingen lassen. Hotel-Restaurant Hohentwiel, Hohentwiel 1, 78224 Singen, Tel. 0 77 31/9 90 70, www.hotel-hohentwiel.de €€

Gasthaus Kreuz im Kulturzentrum GEMS, Mühlenstraße 13, 78224 Singen, Tel. 0 77 31/672 22, http://kreuz.diegems.de €

Event-Tipp: Immer im Juli zeigen internationale Stars der Pop-, Rock- und Jazzszene beim Hohentwielfestival vor der spektakulären Kulisse der Burgruine ihr Können (www.hohentwielfestival.de).

Die Festungsruine auf dem Hohentwiel.

Tipp: Singen

Info: Herrlich bummeln kann man in der attraktiven Fußgängerzone von Singen. Im Rathaus sind Gemälde von Otto Dix zu besichtigen. Das Hegau-Museum zeigt regionale Schätze der Ur- und Frühgeschichte.

Hegau-Museum, Am Schlossgarten 2, 78224 Singen, Tel. 077 31/852 67, www.hegau-museum.de, Di–Sa 14–18, So 14–17 Uhr.

2

14 km
–
B34

In Radolfzell 3 km – auf der Haselbrunn- und Schützenstraße – durch die Stadt, dann 11 km geradeaus auf der B34 bis Ludwigshafen.

Event-Tipp: Radolfzell feiert am 3. Sonntag im Juli das Hausherrenfest zu Ehren seiner Stadtpatronen. Abends gibt es ein fulminantes Feuerwerk am Seeufer. Am darauffolgenden Montag wallfahren die Einwohner der Gemeinde Moos auf girlandengeschmückten Booten über den See nach Radolfzell (www.radolfzell.de).

3

10 km

B31

In Ludwigshafen der Vorfahrtsstraße folgend rechts auf die B31 und 10 km nach Überlingen.

Strecke: Cruisen mit herrlichen Aussichten auf den Überlinger See.

Info: Exotische Pflanzenpracht und eine lange, sonnenverwöhnte Uferpromenade: Überlingen versprüht fast schon mediterranen Charme. Ansehen sollte man sich das spätgotische Münster St. Nikolaus mit seinem weltberühmten geschnitzten Hochaltar. Die Bildhauerfamilie Zürn schuf dieses filigrane Meisterwerk der Spärenaissance (1613 bis 1616). Auch das Sakramentshaus und der Marienaltar der Kirche begeistern (www.ueberlingen.de).

A Reichenau

TOP TIPP **Info:** Die Insel Reichenau ist die größte Bodenseeinsel und berühmt für ihren Gemüseanbau. Neben der einmaligen Atmosphäre locken vor allem die drei gut erhaltenen Klosterkirchen aus dem frühen Mittelalter und die dort zu besichtigenden Kunstschätze Besucher an. Im Jahr 2000 wurde die Insel in die Welterbeliste der UNESCO aufgenommen. Vom nahen Radolfzell kann man sie mit dem Schiff erreichen. Mit dem Bike gelangt man über einen Damm auf die Reichenau.

Event-Tipp: Auf der Insel Reichenau wird im Sommer ein reizvolles Wein- und Fischerfest gefeiert.

Informationen: Verkehrsverein Insel Reichenau, Tel. 075 34/920 70, www.reichenau.de

4 · 8 km · B31

Vor Überlingen links halten, den Ort auf der B31 umfahren und 8 km bis Oberuhldingen.

Strecke: Auf der Oberschwäbischen Barockstraße. Ein paar schöne Kurven würzen den Blick auf den See und auf die Klosterkirche Birnau.

Info: Hoch über dem Bodensee zwischen Obstwiesen und Weingärten thront die barocke Wallfahrtskirche St. Maria (1746–1750) in Birnau. Der Innenraum ist verschwenderisch im Rokokostil ausgestattet. Von hier oben hat man den schönsten Blick auf den Bodensee.

5 · 6,5 km · L201

In Oberuhldingen rechts auf die L201 abfahren, 6,5 km – über Unteruhldingen – bis Meersburg.

Strecke: Verschwiegene Straße am Bodenseeufer entlang.

Info: Einen lebhaften Eindruck, wie man vielleicht vor 5 000 Jahren am Bodensee gelebt hat, vermittelt die Pfahlbausiedlung in Unteruhldingen. Auf Stegen kann man die teilweise über dem Wasser gebauten Rekonstruktionen zweier Dörfer aus der Jungsteinzeit (3 500 v. Chr.) und der Bronzezeit (1 050 v. Chr.) erkunden.
Pfahlbaumuseum Unteruhldingen, Strandpromenade 6, 88690 Unteruhldingen, Tel. 075 56/92 89 00, www.pfahlbauten.de, tgl. 9–19 Uhr (Ostern–Okt.).

Tipp: Gasthof Adler

Restaurant- und Hoteltipp:
Eine ideale Adresse für Motorrad- und Tourenfahrer ist der Gasthof Adler in Owingen-Hohenbodmann, 11 km nördlich von Überlingen: Garagen, Trockenraum und Werkstatt sind vorhanden. Zudem organisieren die Betreiber Treffen für Gespanne und Moto Guzzis.
Gasthaus Adler, Lindenstraße 25, 88696 Owingen-Hohenbodman, Tel. 075 57/241, www.adler-hohenbodman.de

6

2 km

B33

Am Fährhafen in Meersburg links auf die B33, 2 km durch den Ort bis zur Kreuzung mit der B31.

Info: Die reizvolle Lage direkt am See und seine zauberhaften Gassen und Plätze locken seit jeher Romantiker nach Meersburg.

Das Stadtbild wird von der trutzigen Meersburg mit ihrem auffälligen Dagobertturm geprägt. Über eine Zugbrücke betritt man diese älteste Wohnburg Deutschlands, die vermutlich im 7. Jahrhundert errichtet wurde. Prominente Bewohnerin war die Dichterin Annette von Droste-Hülshoff (1797–1848). Ihr Arbeits- und Sterbezimmer kann man neben diversen Exponaten aus dem Mittelalter im Burgmuseum besichtigen. Nicht weit entfernt zeigt auch das Droste-Museum im »Fürstenhäusle« Möbel, Bilder und Handschriften der großen Dichterin.

Burgmuseum Meersburg, Schlossplatz 10, 88709 Meersburg, Tel. 075 32/800 00, www.burg-meersburg.de, März–Okt. tgl. 9–18.30 Uhr, Nov.–Feb. 10–18 Uhr.

Droste-Museum, Stettener Str. 11, 88709 Meersburg, Tel. 075 32/60 88, www.fuerstenhaeusle.de, April–Okt. Di–Sa 10–12.30 Uhr, 14–18 Uhr, So 14–18 Uhr.

Restaurant- und Hotel-Tipp: Passend zum Bilderbuch-Ambiente der Stadt Meersburg: das Romantik-Hotel Residenz am See mit Restaurant, Hotelbar, Terrasse und einem Parkplatz für Motorräder.

Residenz am See, Uferpromenade 11, 88709 Meersburg, Tel. 075 32/800 40, www.romantikhotels.com/meersburg €€€

Romantik pur: die Meersburg im Abendlicht.

7

15 km

B31

8

12,5 km

B31
K7739
K7742

Jetzt rechts auf die B31 und 15 km über Immenstaad bis Friedrichshafen – in die Stadt.

Strecke: Stark befahrene Bundesstraße.

In Friedrichshafen am Landratsamt links auf die Albrechtstraße (B31) und 2,5 km bis zum Abzweig nach Lindau. Hier geradeaus und 10 km auf der K7739, später auf der K7742, nach Markdorf fahren.

Strecke: Stop-and-go durch die Stadt, dann auf kurviger und wenig befahrener Landstraße.

Info: Friedrichshafen ist eine Industriestadt, die im Zweiten Weltkrieg großflächig wegen der hier ansässigen Rüstungsindustrie zerstört wurde. Eine einmalige Attraktion ist jedoch das Zeppelin Museum, das die weltweit bedeutendste Sammlung zur Geschichte der »fliegenden Zigarren« präsentiert. Ein Höhepunkt der Schau ist der Spaziergang durch das 33 Meter lange, rekonstruierte Teilstück des Zeppelins »Hindenburg« und ihre komfortablen Passagierräume. Zeppelin Museum, Seestraße 22, 88045 Friedrichshafen, Tel. 075 41/380 10, www.zeppelin-museum.de, Mai–Okt. Di–So 9–17 Uhr, Nov.–April 10–17 Uhr.

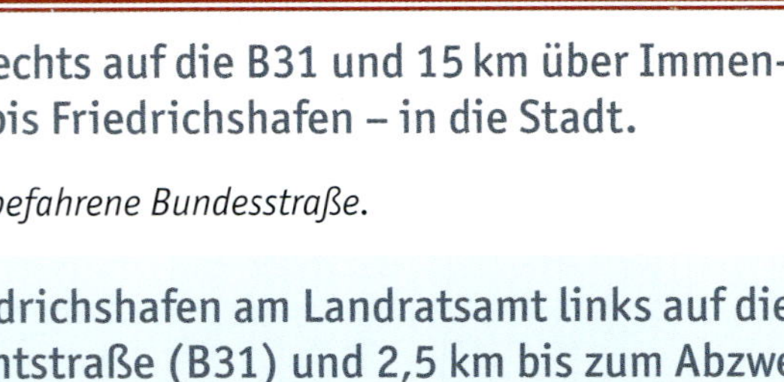
Eindrucksvolle Dimensionen: Die Zeppelinhalle im Zeppelin Museum Friedrichshafen.

9

21 km

L207
B33

In Markdorf rechts auf die L207, dann gleich wieder rechts auf die B33 und 21 km bis Ravensburg.

Strecke: Landschaftlich schöne Fahrt auf schneller Bundesstraße.

Info: Der ganze Charme Oberschwabens scheint sich in der Altstadt von Ravensburg zu konzentrieren. Vor den historischen Fassaden macht das Bummeln richtig Spaß. Immer samstags ist Wochenmarkt.

Event-Tipp: Turbulent geht es in Ravensburg am letzten Wochenende vor den Sommerferien zu, wenn die alte Reichsstadt fünf Tage lang ihr Rutenfest zelebriert – mit großem historischen Umzug, Adlerschießen und dem traditionellen Rutenspiel (www.rutenfest.info).

10

6 km

–

In Ravensburg nach der Bahnbrücke links auf die Jahnstraße und 6 km – über die Zwerger- und die Karlstraße – bis nach Weingarten.

Strecke: Stadtverkehr zwischen den beiden Teilen der Doppelstadt.

Event-Tipp: Der Blutritt in Weingarten ist die größte Reiterprozession der Welt. Am Freitag nach Christi Himmelfahrt reiten Männer aus ganz Oberschwaben zum Benediktinerkloster Weingarten, um die Heilig-Blut-Reliquie des Klosters zu verehren (www.blutritt.de).

Die imposante Klosterkirche in Weingarten.

Allgäu
Perlen am Lech
Romantische Straße, Pfaffenwinkel und Ostallgäu
9

 **Ausgangsort**
Augsburg (86161)

Zielort
Füssen (87629)

 148 km  ★★★ ★★

Straßentypen (in Prozent der Streckenlänge)

60	40

■ Landstraße/asphaltierte Nebenstraße
■ Bundesstraße/Schnellstraße

Diese Tour können Sie mit Route 10 kombinieren.

i **Regio Augsburg Tourismus**
Schießgrabenstraße 14
D-86150 Augsburg
Tel. 08 21/50 20 70
tourismus@regio-augsburg.de
www.regio-augsburg.de

(➔ *weitere Adressen siehe Seite 186*)

Die Route folgt alten Handelsstraßen, vorbei an den breiten Flussniederungen des Lechs hin zu den sanft gewellten Hügellandschaften der Allgäuer Voralpen. Dabei geht es kurvenreich durch grüne Wälder zu charmanten Städten in hügeliger Weite. Die kulturellen Höhepunkte an der Romantischen Straße sind die Wieskirche und die Märchenschlösser des Bayernkönigs Ludwig II.

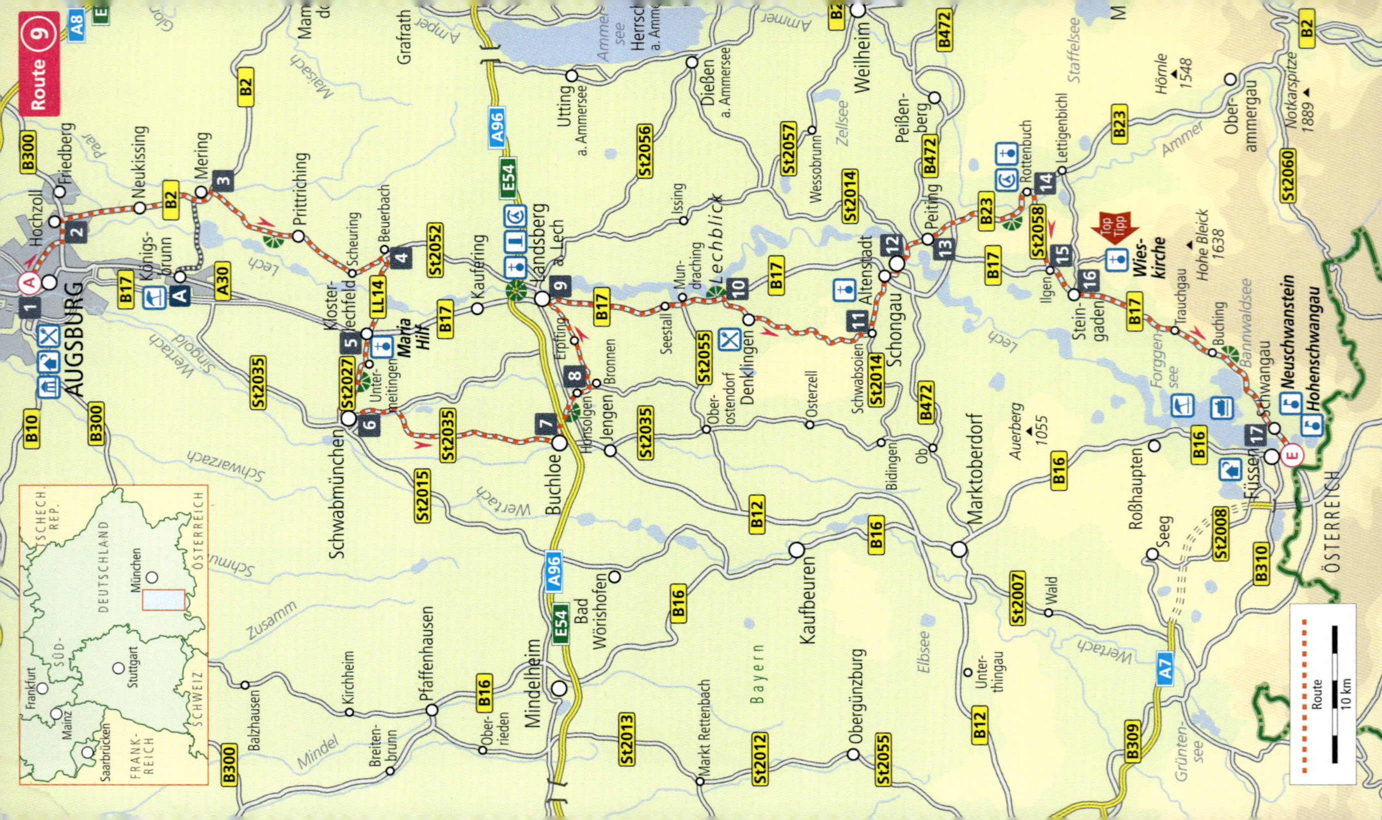

Route 9
A8
E
B2
Giot...
Mam...
do
Grafrath
Ammer
Ammer
Herrsch...
see
Weilheim
B472
B472
Hörnle 1548
Ober-
ammergau
Notkarspitze 1889
M
B2
B300
Friedberg
Neukissing
Mering
B2
B2
Prittriching
Utting
a. Ammersee
Dießen
a. Ammersee
Ammer-
see
Zellsee
St2057
Peißen-
berg
B472
B23
B23
Lettigenbichl
Staffelsee
St2060
B2
Hochzoll
2
Königs-
brunn
3
Scheuring
Beuerbach
4
St2052
Kaufring
Issing
Wessobrunn
St2014
Peiting
Rottenbuch
14
St2058
Top Tipp!
Wies-
kirche
Hohe Bleick 1638
B23
B17
3
A30
A
Klöster-
lechfeld
LL14
B17
Kaufbeuren
Landsberg
a. Lech
9
B17
Mun-
draching
Lechblick
10
B17
12
13
15
16
B17
Stein-
gaden
Trauchgau
Buching
A
1
AUGSBURG
B17
5
Maria
Hilf
B17
Erpfting
Seestall
St2055
Denklingen
Altenstadt
11
Schongau
Schwabsoien
St2014
Ilgen
schwangau
Neuschwanstein
Hohenschwangau
B10
B300
St2035
St2027
6
Unter-
meitingen
8
Hörsolgen
Ujengen
Bronnen
Ober-
ostendorf
Osterzell
Ob
B472
Auerberg 1055
Bannwaldsee
Forggen-
see
17
E
B300
St2035
St2015
7
Buchloe
St2035
B12
Bidingen
Marktoberdorf
B16
Roßhaupten
Seeg
St2008
Füssen
A96
E54
Bad
Wörishofen
B16
Kaufbeuren
B16
B16
B310
ÖSTERREICH
Mindelheim
Bayern
Obergünzburg
Unter-
thingau
St2007
Wald
A7
Pfaffenhausen
B16
Ober-
rieden
St2013
Markt Rettenbach
St2012
St2055
B12
A7
Grünten-
see
B309
B300
Balzhausen
Breiten-
brunn
Mindel
Zusamm
Schwarzach
Wertach
Singold
Lech
Wertach
Lech
Ammer

TSCHECH.
REP.
DEUTSCHLAND
ÖSTERREICH
München
Frankfurt
SÜD-
Mainz
Stuttgart
Saarbrücken
FRANK-
REICH
SCHWEIZ

Route
10 km

Tour-Stationen auf einen Blick

Tourlänge: 148 km

Nr.	Ort	PLZ	GPS-Koordinaten
Ⓐ	Augsburg	D-86161	N 48 21.576 E 10 53.972
2	Hochzoll-Süd	D-86163	N 48 21.284 E 10 57.155
3	Mering	D-86415	N 48 15.462 E 10 58.612
4	Beuerbach	D-86947	N 48 08.849 E 10 54.767
5	Klosterlechfeld	D-86836	N 48 09.536 E 10 49.796
6	Schwabmünchen	D-86830	N 48 10.598 E 10 45.471
7	Buchloe	D-86807	N 48 02.204 E 10 43.826
8	Bronnen	D-86875	N 48 00.967 E 10 46.952
9	Landsberg	D-86899	N 48 02.472 E 10 51.822
10	Schwabsoien	D-86987	N 47 50.078 E 10 49.893

Nr.	Ort	PLZ	GPS-Koordinaten
11	Schongau	D-86956	N 47 48.881 E 10 54.010
12	Peiting	D-86971	N 47 47.776 E 10 55.358
13	Rottenbuch	D-82401	N 47 43.948 E 10 57.846
14	Ilgen	D-86989	N 47 43.173 E 10 53.319
15	Steingaden	D-86989	N 47 42.025 E 10 51.603
16	Schwangau	D-87645	N 47 34.576 E 10 44.157
Ⓔ	Füssen	D-87629	N 47 34.179 E 10 42.026

Die Übersicht ist fortlaufend nummeriert und enthält neben den Etappenpunkten zur Orientierung ggf. weitere Orte entlang der Route; Referenzsystem der GPS-Koordinaten: WGS84

1

4 km

B300

Augsburg nach Osten Richtung Friedberg auf der B300 verlassenen, 4 km bis Augsburg-Hochzoll.

Strecke: Durch die Stadt und über den Lech.

Info: Im Sommer strahlt die Augsburger Innenstadt mit ihren verwinkelten Gassen und hochgiebeligen Zunft- und Patrizierhäusern italienisches Flair aus. Sehenswürdigkeiten gibt es viele, und wer die Zeit hat, sollte für die Stadtbesichtigung einen ganzen Tag einplanen. Highlights sind der Hohe Dom (gegründet im 8. Jh.), das Renaissance-Rathaus (1615–20), der prächtige Herkulesbrunnen (1602), das Bert-Brecht-Haus, das an den 1898 hier geborenen Dramatiker erinnert, sowie die Fuggerei, die älteste Sozialsiedlung der Welt mit ihrem kleinen, sehenswerten Fuggerei-Museum (www.fugger.de).

Hotel-Tipp: Das zentrumsnahe Hotel Fischertor bietet komfortable Zimmer und eine strategisch gute Ausgangslage für Touren.
Hotel Fischertor, Im Pfärrle 16, 86152 Augsburg, Tel. 08 21/34 58 30,
www.hotel-fischertor.de €€

Restaurant-Tipp: Schmausen wie im Mittelalter unter imposantem Gewölbe an rustikalen Holztischen kann man in der Welser-Kuche.
Welser-Kuche, Maximilianstraße 83, 86150 Augsburg, Tel. 08 21/961 10,
www.welser-kuche.de

Tipp: Hohes Friedensfest

Info: Immer am 8. August zelebrieren die Augsburger den Jahrestag des »Augsburger Religionsfriedens« von 1555 – für die Bewohner der Stadt ein echter gesetzlicher Feiertag. Geboten wird neben einem historischen Umzug und dem Turmblasen vom Perlachturm ein kulturelles Rahmenprogramm, das jedes Jahr unter einem anderen Motto steht (www.augsburg.de).

Die herrschaftliche Maximilianstraße in Augsburg.

2 · 12 km · B2

Bei Hochzoll-Süd rechts auf die B2 und 12 km über Neukissing nach Mering. Den Ort auf der Bundesstraße bis Mering-Mitte halb umfahren.

Strecke: Auf verkehrsreicher Strecke am Lechfeld entlang.

Info: Als Lechfeld bezeichnet man die Schotterebene südlich von Augsburg zwischen den Alpenflüssen Lech und Wertach, die in der letzten Eiszeit entstand. Hier fand im Jahr 955 die Schlacht auf dem Lechfeld statt, in der Otto I. die Ungarn vernichtend schlug.

3 · 15,5 km · –

Bei Mering-Mitte die B2 links über die Ausfahrt verlassen, links Richtung Landsberg abbiegen und 15,5 km über Prittriching nach Beuerbach.

4 · 7 km · LL14

Kurz vor Beuerbach rechts auf die LL14 abbiegen und 7 km über Schwabstadl nach Klosterlechfeld.

Info: Am Rand des begrünten Wallfahrtsplatzes in Klosterlechfeld liegt die Wallfahrtskirche Maria Hilf. Das 1984 aufwendig restaurierte Gotteshaus mit Fresken des Augsburger Kirchenmalers J.G. Lederer ist eine bedeutende Sehenswürdigkeit auf dem Lechfeld.

A Königsbrunn

Info: Rasante, effektvolle Wasserrutschen, Solebäder und Wellness-Oasen mit antiken Stilzitaten: Die Königstherme in Königsbrunn bietet Entspannung und Spaß für jeden Geschmack. Im Sommer kann man sich auch im Mandichosee erfrischen, der an der Strecke von Mering nach Königsbrunn liegt. Königstherme, Königsallee 1, 86343 Königsbrunn, Tel. 0 82 31/962 80, www.koenigstherme.de

5 · 6 km · St2027

In Klosterlechfeld immer geradeaus und 6 km auf der St2027 über Untermeitingen nach Schwabmünchen fahren – hinein in die Stadt.

Strecke: Cruisen vorbei an weiten Feldern und Wiesen durchs Lechfeld.

Event-Tipp: Schwabmünchen ist stolz auf seinen außergewöhnlich großen, schönen Luitpoldpark. Am letzten Juliwochenende bzw. am ersten Augustwochenende füllt er sich beim Heimatfest mit buntem Leben. Für Stimmung sorgen Blaskapellen, Stände bieten Steckerlfisch, Bratwurst, Wein und Bier. Höhepunkt des Festes ist das gewaltige Feuerwerk am Sonntagabend (www.schwabmuenchen.de).

6 · 17 km · St2035

In Schwabmünchen links auf die Kaufbeurer Straße (St2035) und 17 km nach Buchloe.

Strecke: Zu unserer Rechten erstreckt sich der südliche Ausläufer des Naturparks Augsburg-Westliche Wälder. Das Allgäu rückt näher!

7 · 5,5 km · –

Am Friedhof in Buchloe links auf die Landsberger Straße, dann 5,5 km über Honsolgen nach Bronnen.

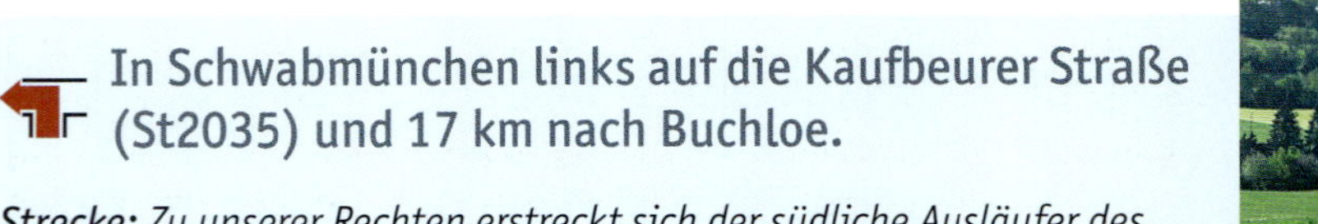

Zauberhafte Lechlandschaft im Allgäu.

8

7 km
–

Kurz vor Bronnen am Honsolger Weiher links abbiegen und auf kleiner Straße – über Erpfting – 7 km nach Landsberg am Lech.

Info: Mit mittelalterlichem Flair empfängt die Stadt Landsberg ihre Besucher. Einen guten Überblick über das innerstädtische Ensemble verschafft man sich von der Aussichtsplattform des 36 m hohen Bayertores (1425). Wichtigster Bau der noch in Resten erhaltenen Stadtmauer aus dem 13. Jahrhundert ist der Schmalzturm. Einst stellten sich die Marktfrauen an warmen Tagen in den Schatten des Turmes, um ihre Ware – darunter auch Schmalz – kühl zu halten. Sehenswert ist auch die Kirche Mariä Himmelfahrt mit kunsthistorisch bedeutenden Glasmalereien aus dem 15./16. Jahrhundert.

Camping-Tipp: Übernachten unter tausend Sternen kann man im Campingpark Romantik am Lech am südöstlichen Stadtrand.
Campingpark Romantik am Lech, Pössinger Au 1, 86899 Landsberg, Tel. 081 91/475 05, www.campingplatz-landsberg.de €

9

12 km
B17

In Landsberg rechts auf die B17 abbiegen, 12 km in Richtung Schongau bis zum Café Lechblick.

Strecke: »Wellenreiten« auf der Romantischen Straße, die manchmal zum Lechufer hin dramatisch abfällt und rasant wieder ansteigt.

Einer von vielen reizvollen Türmen in Landsberg: der Mutterturm aus dem Jahr 1884.

10

13 km
–

Am Lechblick rechts abbiegen und auf kleiner Straße 13 km bis nach Schwabsoien fahren.

Strecke: Einsame Landstraße zwischen Wald und Wiesen, wohltuende Alternative zur viel befahrenen B17.

Restaurant-Tipp: Am schönsten lässt sich der Blick auf den Lech von der Sonnenterrasse des Café Lechblick genießen.
Restaurant-Café Lechblick, Lechblick 1, 86920 Denklingen, Tel. 082 43/22 82, www.restaurant-cafe-lechblick.de

Weiß-blaue Idylle im Paffenwinkel.

11

6 km
St2014

In Schwabsoien links auf die St2014, 6 km über Altenstadt nach Schongau – in die Stadt.

Info: Altenstadt ist das historische Zentrum von Schongau und hat sich seinen dörflichen Charakter bewahrt. Fast original erhalten ist auch die spätromanische Gewölbebasilika aus dem 13. Jahrhundert.

12

4 km
St2014

In Schongau-Zentrum links, nach 0,5 km rechts abbiegen und 3,5 km auf der St2014 nach Peiting.

Info: Umgeben von einer fast vollständig erhaltenen Stadtmauer mit Toren und Türmen liegt Schongau auf einem Hügel im Lechtal.

Tipp: Schongauer-Sommer

Info: Jedes Jahr Anfang August packt die Schongauer das Mittelalter-Fieber. Zehn Tage lang ziehen beim Schongauer-Sommer die Gaukler und Minnesänger durch die Altstadt, es gibt Live-Konzerte, Märkte, Vorführungen alter Handwerkskunst und natürlich mittelalterliche und neuzeitliche Schmankerln (www.schongauer-sommer.de).

13
9 km
B23

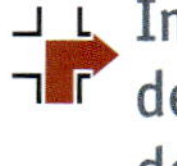

⌐ ⌐ Im Zentrum von Peiting rechts abbiegen und über den Hauptplatz und die Ammergauer Straße (B23) den Ort verlassen, dann 9 km bis Rottenbuch.

Strecke: *Einer der schönsten Streckenabschnitte durch die herrlichen Wiesen und Wälder des Pfaffenwinkels.*

Info: Eine Perle des mit Kirchen und Klöstern übersäten Pfaffenwinkels ist die von Joseph und Xaver Schmuzer mit reichlich Stuck verzierte ehemalige Stiftskirche Mariä Geburt (1468–1480) in Rottenbuch. Schon von Weitem kündigt der freistehende gotische Glockenturm mit seiner barocken Haube die Sehenswürdigkeit an.

Camping-Tipp: Camping in ländlicher Umgebung auf mehreren, durch Hecken und Büsche aufgelockerten Terrassen: Das Terrassencamping am Richterbichl an der B23 Schongau–Garmisch-Partenkirchen ist ganzjährig geöffnet und bietet einen eigenen Badeteich. Terrassencamping am Richterbichl, Solder 1, 82401 Rottenbuch, Tel. 088 67/15 00, www.camping-rottenbuch.de €

Glückliche Kühe in den Ammergauer Alpen.

14
7 km
St2058

⌐ ⌐ In Rottenbuch am Ölberg rechts auf die St2058 abbiegen und 7 km bis zur Einöde Ilgen.

Strecke: *Schnelle Kurvenpartie auf schmaler Landstraße.*

UNESCO-Welterbe: die Wieskirche bei Steingaden.

15 · 2 km · B17

In Ilgen links auf die B17 und dann weiter 2 km bis Steingaden.

TOP TIPP

Info: Sie gilt als eine der schönsten Kirchen der Welt: Malerisch erhebt sich die Wallfahrtskirche in der Wies, 5,5 km südwestlich von Steingaden, vor der Kulisse der Ammergauer Berge. Das prächtig ausgestattete Gotteshaus wurde in den Jahren 1745–1754 im Stil des Rokoko errichtet und 1983 zum UNESCO Weltkulturerbe erklärt. Architektur, Stuck und Fresken sowie die helle Farbigkeit verschmelzen zu einem einmaligen Gesamtbild von volkstümlicher Frömmigkeit und lebensfroher Sinnlichkeit.

Event-Tipp: Das ganze Jahr über wallfahren viele Gläubige allein oder in Gruppen zur Wieskirche. Von Mai bis Oktober ist der Mittwoch der allgemeine Wallfahrtstag, am 1. Samstag im Mai wird das Wallfahrtsjahr feierlich eröffnet (www.wieskirche.de).

16 · 18 km · B17

In Steingaden geradeaus, weiterhin der B17 folgen und 18 km bis nach Schwangau fahren.

Strecke: Zurück auf der Romantischen Straße, die hier mit der Deutschen Alpenstraße verschmilzt. Gut ausgebaute Bundesstraße mit starkem Verkehr an Sonn- und Feiertagen.

17

3 km

B16

B17

In Schwangau geradeaus 3 km auf der B16 und der B17 bis nach Füssen – der Endstation der Tour.

Strecke: *Am Forggensee entlang mit herrlichem Blick auf die Berge.*

Info: Stolz und erhaben zeigen sich die Königsschlösser Neuschwanstein und Hohenschwangau. In der harmonisch geformten Landschaft zu ihren Füßen breiten sich die tiefblauen Fluten des Forggensees aus. Im Sommer lädt der 12 Kilometer lange See zum Baden, Ausspannen oder zu einer Bootsfahrt ein. Die Schlösser Neuschwanstein und Hohenschwangau des bayerischen Märchenkönigs Ludwig II. sind Touristenmagneten erster Güte, entsprechend groß ist der Trubel. Die Innenräume können nur im Rahmen von Führungen besichtigt werden. Es gibt genügend Parkplätze.

Schlossverwaltung Neuschwanstein, Neuschwansteinstraße 20, 87645 Schwangau, Tel. 083 62/93 98 80, www.neuschwanstein.de

Ticket-Center Hohenschwangau, Alpseestraße 12, 87645 Hohenschwangau, Tel. 083 62/93 08 30, www.hohenschwangau.de

Hotel-Tipp: Königliches Ambiente bietet das Hotel Sonne in der malerischen Altstadt von Füssen mit Aussicht auf die Allgäuer Berge.

Hotel Sonne, Reichenstraße 37, 87629 Füssen, Tel. 083 62/90 80, www.hotel-fuessen.de €€€

Hier verbrachte der Märchenkönig Ludwig II. seine Kindheit: Schloss Hohenschwangau.

Oasen bayerischen Glücks

Fünfseenland, Ammersee, Starnberger See

(A) **Ausgangsort**
München (81214)

(E) **Zielort**
München (81214)

 168 km  ★★★★  ★★★

Straßentypen (in Prozent der Streckenlänge)

80	18	2

- ■ Landstraße/asphaltierte Nebenstraße
- ■ Bundesstraße/Schnellstraße
- ■ Autobahn

Diese Tour können Sie mit Route 9 kombinieren.

i Tourismusverband Starnberger Fünf-Seen-Land
Wittelsbacherstraße 2c
D-82319 Starnberg
Tel. 08151/906 00
info@sta5.de
www.sta5.de

(→ *weitere Adressen siehe Seite 187*)

Vor den Toren Münchens im Angesicht der Bayerischen Voralpen liegt eine saftig-grüne, schillernde Seenlandschaft, in deren Mitte sich würdevoll der »Heilige Berg« mit dem Kloster Andechs erhebt. Kurvenspaß und gemütliches Motorradwandern, Baden oder Kulturgenuss auf den Spuren von Kaiserin Sisi und König Ludwig II. – den Reiz dieser Tour macht vor allem ihre Vielseitigkeit aus, bei der jeder Biker auf seine Kosten kommt.

Route 10
MÜNCHEN
Frankfurt
Mainz
Saarbrücken
Stuttgart
München
SÜD-DEUTSCHLAND
TSCHECH. REP.
FRANK-REICH
SCHWEIZ
ÖSTERREICH
B2
B2
B2n
Pasing
Gräfelfing
E
A
Germering
Gilching
A96
Planegg
E54
St2063
E533
B11
A95
A99
A995
Ottobrunn
E52
Grünwald
Taufkirchen
St2072
Gauting
B471
Grafrath
Amper
Türkenfeld
B471
12
Inning
13
15
Wörthsee
Wörth-see
St2070
St2348
16
St2055
Schondorf
11
Schlagenhofen
14
Seefeld
18
Drößling
Pilsen-see
Leutstetten
Isar
Landsberg a. Lech
Pürgen
Utting
Ammer-see
17
St2070
Perchting
St2070
Starnberg
2
A952
19
20
B2
B13
Schäftlarn
Riederau
St2055
Herrsching
Kloster Andechs
Top Tipp
Possenhofen
Berg
Lech
9
Andechs
St2067
3
Wieling
4
A8
E45
E52
St2056
10
Dießen
Traubing
8
Feldafing
Bayern
St2056
Raisting
Starn-berger See
Wolfratshausen
Ilkahöhe 728
Tutzing
5
Münsing
Oberambach
Holzkirchen
St2072
Pähl
Ammer
St2066
St2063
B2
Geretsried
St2057
Weilheim in Oberbayern
7
Bernried
St2065
B11
Schindelberg
805
B17
Altenstadt
Schongau
Peißenberg 987
St2058
Seeshaupt
6
St2064
E533
Königsdorf
B13
B472
B17
Peiting
B472
Peißenberg
B472
Ammer
Ostersee
A95
Route
5 km

Tour-Stationen auf einen Blick

Tourlänge: 168 km

Nr.	Ort	PLZ	GPS-Koordinaten
(A)	München-Pasing	D-81241	N 48 07.579 E 11 26.887
2	Starnberg	D-82319	N 48 00.128 E 11 20.944
3	Wieling	D-82340	N 47 57.267 E 11 16.125
4	Feldafing	D-82340	N 47 56.992 E 11 17.927
5	Tutzing	D-82327	N 47 54.574 E 11 16.824
6	Seeshaupt	D-82402	N 47 49.608 E 11 17.764
7	Weilheim	D-82362	N 47 50.327 E 11 08.667
8	Traubing	D-82327	N 47 56.799 E 11 15.687
9	Andechs	D-82346	N 47 57.859 E 11 10.618
10	Dießen	D-86911	N 47 56.880 E 11 06.200

Nr.	Ort	PLZ	GPS-Koordinaten
11	Schondorf	D-86938	N 48 03.269 E 11 05.362
12	Inning	D-82266	N 48 04.217 E 11 08.799
13	Schlagenhofen	D-86911	N 48 02.573 E 11 10.451
14	Wörthsee	D-82237	N 48 03.798 E 11 12.090
15	Seefeld	D-82229	N 48 02.507 E 11 12.623
16	Herrsching	D-82211	N 47 59.959 E 11 10.878
17	Drößling	D-82229	N 48 01.283 E 11 13.722
18	Perchting	D-82319	N 48 00.051 E 11 16.299
19	Starnberg	D-82319	N 47 59.797 E 11 20.296
(E)	München-Pasing	D-81241	N 48 07.579 E 11 26.887

Die Übersicht ist fortlaufend nummeriert und enthält neben den Etappenpunkten zur Orientierung ggf. weitere Orte entlang der Route; Referenzsystem der GPS-Koordinaten: WGS84

1
18,5 km
St2036

(A) **Von der Abfahrt München-Pasing (A96) 18,5 km auf der St2063 über Gauting bis nach Starnberg.**

Strecke: Vor Starnberg schöne, kurvige Passagen.

2
8,5 km
B2

In Starnberg rechts auf die B2, der Bundesstraße 8,5 km durch die Stadt bis Wieling folgen.

Strecke: Verkehrsreiche Bundesstraße mit lang gezogenen Kurven.

Info: Edelboutiquen, Wassersportclubs und die Uferpromenaden bestimmen das Stadtbild von Starnberg. Schön ist der alte Starnberger Bahnhof. Er liegt, mit Blick auf den Dampfersteg, direkt am See.

3
2,5 km
–

Im kleinen Ort Wieling von der B2 links abbiegen, dann 2,5 km auf der Wielinger Straße bis Feldafing.

Strecke: Auf schmaler Straße durch ein Waldgebiet.

Restaurant- und Hotel-Tipp: Die Wildgerichte sind im Gasthof Zur Linde in Wieling besonders lecker. Man kann auch übernachten.
Gasthof Zur Linde, Wieling 5, 82340 Feldafing, Tel. 081 57/93 31 80, www.linde-wieling.de €€

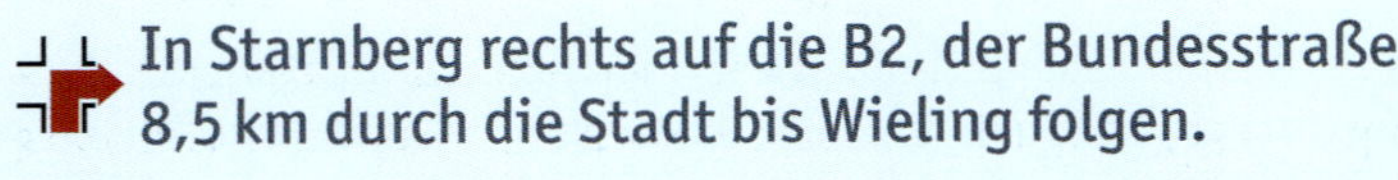
Der Starnberger See mit Alpenpanorama.

4

5,5 km
St2063

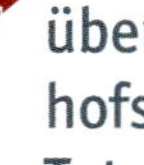

In Feldafing rechts über den Bahnübergang, dann über die Johann-Biersack-Straße links in die Bahnhofstraße einbiegen. Nach 200 m rechts auf die Tutzinger Straße (St2063) und 5 km bis Tutzing.

Info: Possenhofen, etwas nördlich von Feldafing, hat einen schönen Badeplatz im alten Parkgelände des Schlosses. Auf Schloss Possenhofen verbrachte Sisi, die spätere Kaiserin von Österreich, ihre Kindheit. Das Schlossgelände selbst kann nicht betreten werden. Ansehen sollte man sich auch den hübschen Ortskern von Possenhofen.

Tutzing mit seinen ansehnlichen Villen und dem Schlosspark im englischen Stil hat sich seine Beschaulichkeit erhalten. Es bietet idyllische Badeplätze. Von der südwestlich gelegenen Ilkahöhe (728 m) hat man einen herrlichen Blick über den See bis zu den Alpen.

Restaurant-Tipp: Den Wolken so nah! Der ehemalige Gutshof Forsthaus Ilkahöhe auf der Ilkahöhe besticht durch seine bayerische Küche und seinen idyllischen Biergarten. Wahrlich himmlisch ist aber der Blick von hier oben über den Starnberger See und auf die Berge. Forsthaus Ilkahöhe, Oberzeismering 2, 82327 Tutzing, Tel. 081 58/82 42, www.ilkahoehe.de, Mi–So ab 12 Uhr.

Tipp: Ostufer Starnberger See

Restaurant- und Hotel-Tipp: Schlossgut Oberambach ist ein schmuckes Landhotel hoch über dem Ostufer des Starnberger Sees. Ökologische Grundsätze und die Feng-Shui-Lehre standen bei der Renovierung Pate. Das Essen wird mit Produkten aus kontrolliert-biologischem Anbau liebevoll zubereitet. Ein wunderbarer Ort zum Übernachten.

Schlossgut Oberambach, Oberambach 1, 82541 Münsing, Tel. 081 77/93 23, www.schlossgut.de €€€

Event-Tipp: Am 13. Juni 1886 ertrank der bayerische König Ludwig II. unter ungeklärten Umständen im Starnberger See. Im Dorf Berg erinnern Votivkapelle und Gedenkkreuz an die Tragödie. Immer noch treffen sich hier Königstreue, um des »Kini« zu gedenken.

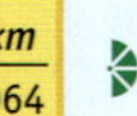

5

12 km
St2063

Geradeaus durch Tutzing, auf der St2063 bleiben und 12 km – über Bernried – bis Seeshaupt.

Strecke: Am Westufer des Starnberger Sees entlang mit Blick auf den See und die Alpen. Mehrere Ortsdurchfahrten, aber auch freie Passagen.

Info: Alte Holzbauernhäuser, Alleen und Obstgärten machen Bernried zu einem der bezauberndsten Orte am Starnberger See. Im Kontrast dazu steht das moderne Museum der Fantasie. Der 2007 verstorbene Sammler und Schriftsteller Lothar Günther Buchheim hat die hier präsentierte Schau zusammengetragen: Bedeutende expressionistische Kunst – von Brücke-Künstlern über den Blauen Reiter bis zu Beckmann und Dix – mischen sich mit Kuriositäten und Kitsch.

Buchheim-Museum (Museum der Fantasie), Am Hirschgarten 1, 82347 Bernried, Tel. 081 58/997 00, www.buchheimmuseum.de, Apr.–Okt. Di–So 10–18 Uhr, Nov.–März 10–17 Uhr.

6

13 km
St2064

Vor Seeshaupt rechts auf die St2064, der Straße 13 km bis Weilheim in Oberbayern folgen.

Info: Südlich von Seeshaupt liegen die verträumten Osterseen – ein Geheimtipp für alle Naturliebhaber! Wie Solitäre glitzern die kleinen Seen und Weiher zwischen Mulden, Buckeln und Waldeshöhen.

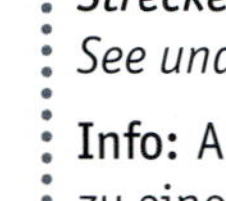

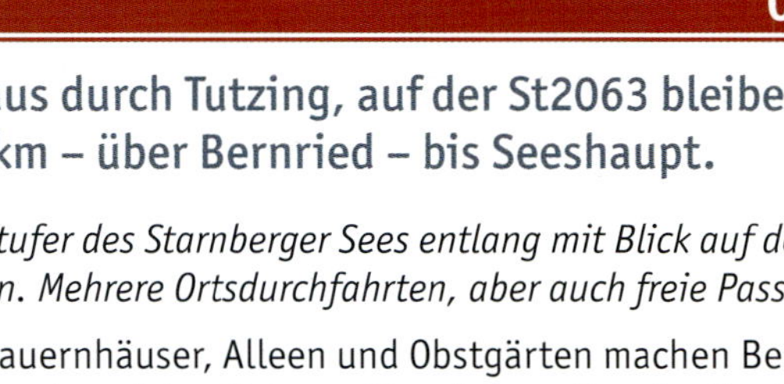

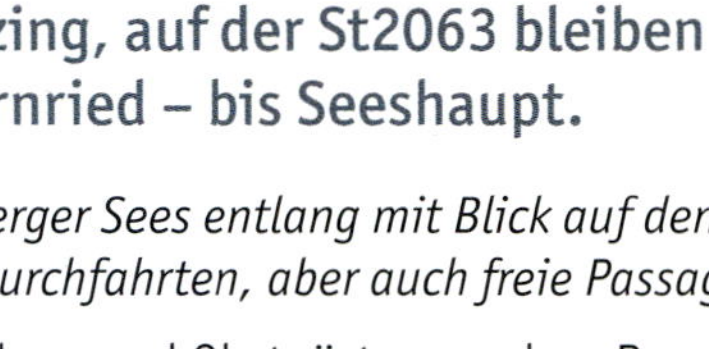

Blütenpracht im Fünfseenland.

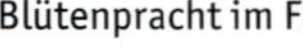

7

16 km

B2

In Weilheim rechts auf die B2 und 16 km bis nach Traubing – den Ort auf der Bundesstraße umfahren.

Strecke: Flotte Fahrt auf gut ausgebauter Bundesstraße.

8

7 km

–

St2067

Am Ortsende von Traubing scharf links auf die Starnberger Straße, dann rechts halten und 7 km auf der St2067 durch Traubing bis Andechs.

Strecke: Einige elegante Kurven lassen Bikerherzen höher schlagen.

Info: Seit 1455 erhebt sich stolz und würdevoll das Benediktinerkloster Andechs auf dem Heiligen Berg am Ammersee. Ebenso lange existiert auch die angeschlossene Klosterbrauerei. Bis heute ist Kloster Andechs eine der bedeutendsten Wallfahrtskirchen Deutschlands und wird jährlich von Tausenden von Pilgern besucht.

Kloster Andechs, Bergstraße 2, 82346 Andechs, www.andechs.de

Restaurant-Tipp: Gottes Herrlichkeit auf Erden offenbart sich, wenn man im Biergarten des Klosters Platz genommen hat, ein frisches Maß Andechser Bier genießt und sich von der Klosterküche mit Radi, Obatztem, frischen Brezen und Kartoffelsalat verwöhnen lässt.

Andechser Klostergaststätten, Bergstraße 2, 82346 Andechs, Tel. 081 52/930 90, tgl. 10–22 Uhr.

Anmutig ragt der Turm der Andechser Klosterkirche in den Himmel.

9

11 km

St2067
St2056

In Andechs der St2067 nach links folgen, nach 1 km links abbiegen und 10 km auf der St2056 – über Fischen – nach Dießen.

Strecke: Reizvolle Landstraße durchs Ammerdelta.

Info: Südlich vom Ammersee befindet sich die Erdfunkstelle Raisting, dessen gigantische weiße Antennenschüsseln sich wie Pilze aus dem Boden erheben. Führungen sind nach Anmeldung möglich.
Führungen: Tel. 08 81/26 91, www.raisting.de/erdfunkstelle.html

10

13 km

St2055

In Dießen geradeaus und 13 km auf der St2055 in Richtung Riederau/Utting bis Schondorf fahren.

Strecke: Am Westufer des Sees entlang, dann durch Wiesen und Flure.

Info: Das Marienmünster in Dießen ist eine Perle des bayerischen Rokoko. Wie im Himmel fühlt man sich beim Anblick der Deckenfresken im östlichen Langhaus der Kirche. Eine ständige Ausstellung moderner Dießener Künstler ist im Pavillon am See zu besichtigen.
Pavillon am See, Seestraße 30, 86911 Dießen, Tel. 088 07/84 00,
www.diessener-kunst.de, Apr.–Okt. Mo–So 11–18 Uhr,
Nov.–Dez. Fr 14–17 Uhr, Sa+So 11–17 Uhr.

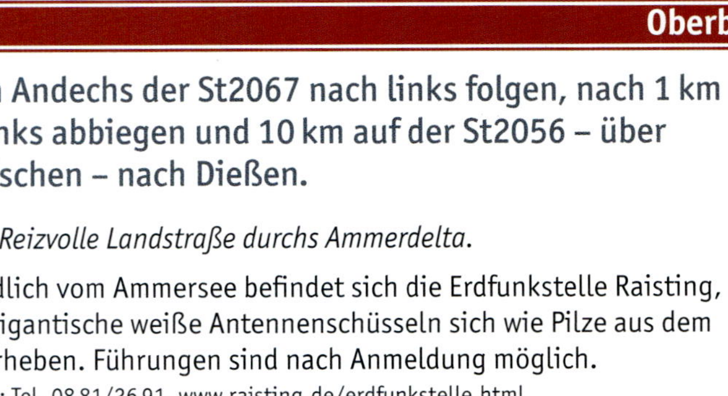

11 · 2,5 km · St2055

Geradeaus durch Schondorf, weiterhin auf der St2055, und 2,5 km bis zur Autobahn A96.

Info: Der ländliche Ammersee bietet schöne Promenaden und seichte Badestellen. Früher wurde er »Bauernsee« genannt, weil hier vor allem Bauern, Fischer und einfache Leute lebten.

12 · 5 km · A96 · St2067

Jetzt rechts auf die A96 Richtung München auffahren, nach 4,5 km bei Inning abfahren. Dann links auf der St2067 durch Inning fahren.

Strecke: *Ein kurzes Stück Autobahn am Nordende des Ammersees.*

Restaurant- und Hotel-Tipp: Im zünftigen Gasthof Zur Post in Inning fühlen sich auch Motorradfahrer wohl. Parkplatz für Bikes. Gasthof Zur Post, Münchner Straße 2, 82266 Inning, Tel. 081 43/99 19 84, www.gasthofzurpost-inning.de €

13 · 4 km · St2070

Hinter Inning im Kreisverkehr die 2. Ausfahrt auf die St2070 nehmen, der Straße 4 km folgen.

Strecke: *Auf schmalen Straßen um den Wörthsee bummeln.*

Grüne Wiesen zwischen den Seen.

14 3,5 km -

Hinter Schlagenhofen links abbiegen, 3,5 km auf kleiner Straße bis Wörthsee – in den Ort.

Strecke: Weiter am Ostufer des Wörthsees entlang.

Info: Der Wörthsee ist Bayerns wärmster Badesee. Auf der Insel, nach der der See benannt wurde, steht ein einsames Schlösschen.

15 2,5 km St2348

In Wörthsee rechts auf die St2348 und 2,5 km in Richtung Seefeld.

16 5,5 km St2068

An der T-Kreuzung vor Seefeld rechts und 5,5 km auf der St2068 nach Herrsching am Ammersee fahren.

Strecke: Führt teilweise direkt am Pilsensee entlang.

Restaurant-Tipp: Das Mühlfelder Brauhaus in Herrsching bietet gehobene ländliche Küche und moderne Gerichte sowie hauseigene Bierspezialitäten in urig-gemütlicher Atmosphäre mit Biergarten. Jeden Donnerstag gibt es Führungen durch die Brauerei.
Landgasthof Mühlfelder Brauhaus, Mühlfeld 13, 82211 Herrsching am Ammersee, Tel. 081 52/993 49 40, www.muehlfelder-brauhaus.de, tgl. ab 11 Uhr.

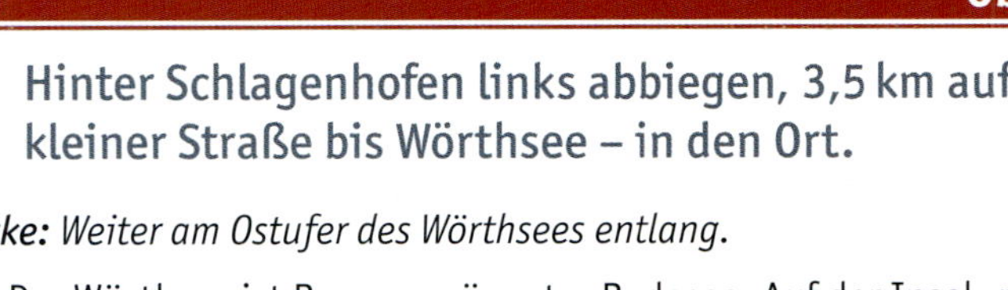
Auch die Möwen fühlen sich am Ammersee wohl.

17 6 km –

Nach der Ortseinfahrt Herrsching scharf links und 6 km über Frieding bis Drößling.

Strecke: Serpentinenstück bergan.

Info: Herrsching liegt an einer sehr schönen Bucht des Ammersees und ist ein Mekka für Wasserratten und Wassersportler.

18 5 km St2070

In Drößling rechts auf die St2070 abbiegen und der Straße 5 km bis Perchting folgen.

Strecke: Nach so viel »Seefahrt« wieder Wald und Kurven.

19 6 km St2070

In Perchting links, weiterhin auf der St2070 und 6 km bis Starnberg.

Event-Tipp: Lust auf eine außergewöhnliche Rundfahrt? Das Programm der Bayerischen Seen-Schifffahrt reicht von der Mondschein- über die Schlager- bis zur Gourmetkreuzfahrt (www.seenschifffahrt.de).

20 21 km B2 St2063

In Starnberg links auf die B2 (später St2063) und 21 km auf bekanntem Weg zurück nach München.

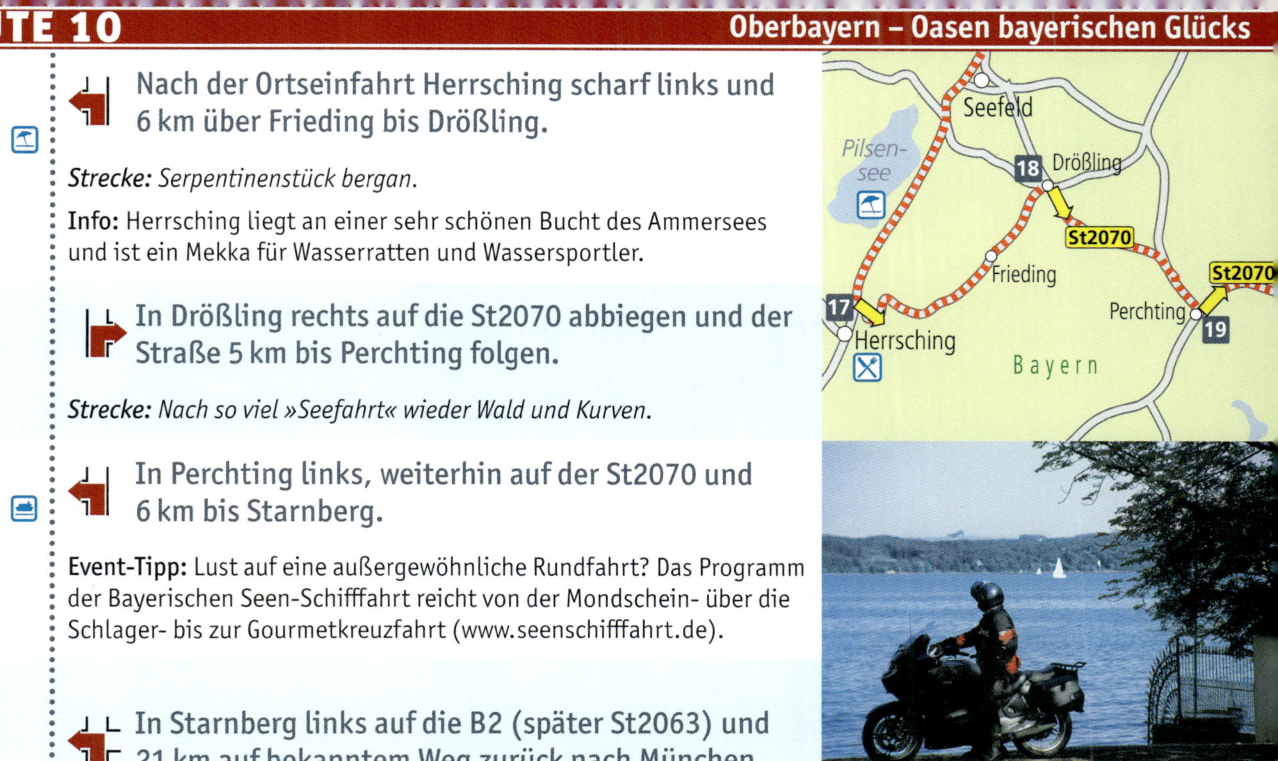

Abschied vom Starnberger See.

Bergkulisse und Zwiebeltürme

Chiemgau und Chiemsee

11

(A) Ausgangsort
Wasserburg (83512)

(E) Zielort
Wasserburg (83512)

 182 km  ★★★★★  ★★★★

Straßentypen (in Prozent der Streckenlänge)

50	50

■ Landstraße/asphaltierte Nebenstraße
■ Bundesstraße/Schnellstraße

Diese Tour können Sie mit Route 13 kombinieren.

i Tourismus e. V. Chiemgau
Leonrodstraße 7
D-83278 Traunstein
Tel. 08 61/909 59 00
info@chiemgau-tourismus.de
www.chiemgau-tourismus.de

(→ *weitere Adressen siehe Seite 187*)

Urwüchsig ist das Land zwischen München und den Bayerischen Voralpen. Idealer Ausgangspunkt für die Annäherung an den Chiemgau ist die Stadt Wasserburg am Inn. Kurvenreiche, fahrtechnisch anspruchsvolle Wege führen durch eine Bilderbuchidylle mit Hügeln und Tälern, die den Blick freigeben auf markante Berg-silhouetten. Die Tour rund um den Chiemsee führt an die schönsten Berge heran – Glücksgefühle garantiert!

Route 11
Frankfurt
Mainz
SÜD-
Saarbrücken
Stuttgart
München
FRANK-
REICH
SCHWEIZ
TSCHECH. REP.
DEUTSCHLAND
ÖSTERREICH
Bayern
ÖSTERREICH
B15
B20
Tittmoning
Salzach
Inn
Wasserburg am Inn
St2092
Eiselfing
B304
Schabing
Trostberg
Altenmarkt
R036
St2360
Obing
Amerang
St2094
Seeon
Alz
Tachinger See
Attel
B15
Rott am Inn
Traunreut
St2094
Seebruck
Waginger See
Halfing
Eggstätt
Laufen
B20
Schechen
Bad Endorf
St2095
B304
Traun
DEUTSCHLAND
Aying
Feldkirchen
Bad Aibling
Mangfall
Kolbermoor
Rosenheim
Simssee
Chiemsee
Prien
Grabenstätt
Traunstein
B304
A8
B306
A8
B20
B15
St2359
A8
St2093
Siegsdorf
St2098
B306
Rote Traun
Mangfall
Frasdorf
Bernau am Chiemsee
Tiroler Ache
Staudach-Egerndach
Hochfelln
1671
B305
B306
Leitzach
Miesbach
Rohrdorf
St2359
Achenmühle
St2093
Aschau
Grassau
Marquartstein
Kampenwand
1669
Ruhpolding
B305
Hochstaufen
1771
Neubeuern
Hochries
1568
St2093
Unterwössen
Gurnwandkopf
1691
Bad Reichenhall
B307
Hausham
Breiten
B307
B305
B305
B21
Schliersee
Fischbachau
Nußdorf
Geigelstein
1813
Weiße Traun
Top Tipp
B305
Tegernsee
Rottach-Egern
Mangfallgebirge
Wendelstein
1838
A93
Brannenburg
Chiemgauer
Prien
Weit-see
Dürrnbachhorn
1778
Sonntagshorn
1961
Karkopf
1739
B21
Brecherspitze
1684
B307
Tatzelwurm
764
Reit im Winkl
Seegatterl
Winklmoosalm
ÖSTERREICH
Bayrischzell
Rotwand
Brünnstein
Oberaudorf
Kössen
B175
B172
Route
5 km

Tour-Stationen auf einen Blick

Tourlänge: 182 km

Nr.	Ort	PLZ	GPS-Koordinaten
(A)	Wasserburg	D-83512	N 48 03.623 E 12 13.943
2	Eiselfing	D-83549	N 48 02.450 E 12 14.503
3	Amerang	D-83123	N 47 59.444 E 12 18.595
4	Obing	D-83119	N 48 00.116 E 12 24.070
5	Seeon	D-83370	N 47 58.384 E 12 26.655
6	Seebruck	D-83358	N 47 56.177 E 12 28.445
7	Traunstein	D-83278	N 47 51.849 E 12 39.061
8	Siegsdorf	D-83313	N 47 49.167 E 12 39.310
9	Ruhpolding	D-83324	N 47 45.724 E 12 38.834
10	Reit im Winkl	D-83242	N 47 40.627 E 12 28.265

Nr.	Ort	PLZ	GPS-Koordinaten
11	Grassau	D-83224	N 47 45.785 E 12 28.515
12	Bernau	D-83233	N 47 48.694 E 12 22.433
13	Aschau	D-83229	N 47 46.831 E 12 19.443
14	Frasdorf	D-83112	N 47 48.198 E 12 17.437
15	Achenmühle	D-83101	N 47 47.719 E 12 13.730
16	Breiten	D-83131	N 47 45.183 E 12 08.893
17	Rosenheim	D-83022	N 47 51,357 E 12 08.502
18	Rott	D-83543	N 47 58.492 E 12 07.858
(E)	Wasserburg	D-83512	N 48 03.623 E 12 13.943

Die Übersicht ist fortlaufend nummeriert und enthält neben den Etappenpunkten zur Orientierung ggf. weitere Orte entlang der Route; Referenzsystem der GPS-Koordinaten: WGS84

1

1,5 km

St2092

Wasserburg Richtung Süden über die Innbrücke verlassen. Nach der Brücke links auf die St2092 und 1 km bis zur Abzweigung nach Amerang.

Info: Wasserburg liegt malerisch auf einer vom Inn umschlungenen Halbinsel. Hinter seinen hohen Steinmauern mit Erkern und Zinnen verbirgt sich ein historisches Kleinod. Der Salzhandel und die günstige Lage am Fluss verhalfen Wasserburg im 13. Jahrhundert zu wirtschaftlicher Blüte. Zeichen des Wohlstands aus jener Epoche sind die stattlichen Bürgerhäuser und Kirchen, das Rathaus und der Rote Turm. Vom Aussichtspunkt »Schöne Aussicht« am gegenüberliegenden Ufer überblickt man die gotische Altstadt mit der Inn-Promenade.

Das Erste Imaginäre Museum in Wasserburg bietet eine Sammlung originalgetreuer Repliken bedeutender Gemälde aus zahlreichen Epochen in den Räumen des alten Spitals im Brucktor.

Imaginäres Museum, Bruckgasse 2, 83512 Wasserburg, Tel. 08071/4358, www.wasserburg.de/de/imaginaeres-museum, Mai–Sept. Di–So 13–17 Uhr, Okt.–April 13–16 Uhr, im Januar geschlossen.

Restaurant- und Hotel-Tipp: Das Hotel Fletzinger, ein Traditionshaus mit Biergarten, liegt inmitten der Altstadt von Wasserburg.

Hotel Fletzinger, Fletzingergasse 1, 83512 Wasserburg, Tel. 08071/90890, www.hotel-fletzinger.de €€€

Wasserburg schmiegt sich eng an den Inn.

2

1,5 km

–

3

8,5 km

RO36

Jetzt rechts abbiegen und weitere 1,5 km bis Eiselfing.

Strecke: Aus Wasserburg heraus auf schmalen Nebenstraßen.

In Eiselfing links auf die RO36 abbiegen und 8,5 km bis Amerang fahren – in den Ort.

Strecke: Die einsame Straße führt vorbei an eiszeitlich geformten Moränenhügeln.

Info: Das EFA-Automobil-Museum in Amerang dokumentiert auf 6 000 Quadratmetern über 100 Jahre deutsche Automobilgeschichte und wartet zudem mit einer imposanten Modelleisenbahn-Anlage und einer großen Miniatur-Eisenbahn-Sammlung auf.

EFA-Automobil-Museum Amerang, Wasserburger Straße 38, 83123 Amerang, Tel. 080 75/81 41, www.efa-automuseum.de, Ende März– Anf. Nov. Di–So 10–18 Uhr.

Event-Tipp: Romantisches und südländisches Flair erfüllt Schloss Amerang, wenn der Schlossherr im Sommer Konzerte im Schlosshof veranstaltet. Ein Erlebnis für alle Sinne.

Schloss Amerang, Schloss 1, 83123 Amerang, Tel. 08 075/919 20, www.schlossamerang.de

Glückliche Kühe.

Blick ins ferne Voralpenland.

4 | 8 km | St2360

In Amerang links auf die St2360 Richtung Schabing, dann gleich rechts in die Obinger Straße und 8 km bis Obing.

Strecke: Ruhiges Fahren durch gepflegte Kulturlandschaft.

Info: Der hübsche Obinger See lädt mit seiner Liegewiese zum Sonnen, Baden und Rudern ein. Auf einem Rundweg präsentieren 25 Bildhauer des »Skulpturenprojekts Obing am See« ihre Werke.
Touristinfo Obing, Kienberger Straße 5, 83119 Obing, Tel. 086 24/89 86 25, www.obing.de

5 | 6 km | B304 St2094

In Obing rechts auf die B304, 1 km durch den Ort bis zur Abzweigung nach Seebruck, hier rechts und 5 km auf der St2094 bis Kloster Seeon.

Info: Kloster Seeon liegt auf einer Halbinsel inmitten eines Moorsees.

Restaurant- und Hotel-Tipp: Für das leibliche Wohl sorgen die Klostergaststätte mit Biergarten, die Terrasse am Klostersee und das gemütliche Klosterstüberl. Es gibt auch schöne Gästezimmer.
Kloster Seeon, Klosterweg 1, 83370 Seeon, Tel. 086 24/89 70, www.kloster-seeon.de

A Eggstätt

Restaurant- und Hotel-Tipp: Etwas abseits der Route, aber nahe am Chiemsee, liegt der bei Motorradfahrern beliebte Gasthof Unterwirt in Eggstätt – mit Biergarten und eigenem Badesee. Der Chef des Hauses ist selbst engagierter Motorradfahrer.
Gasthof Unterwirt, Kirchplatz 8, 83125 Eggstätt, Tel. 080 56/337, www.unterwirt-eggstaett.de

6

5 km

St2094

Geradeaus am Kloster vorbei, weiter auf der St2094 und 5 km bis nach Seebruck fahren.

Strecke: Auf lang gezogenen Kurven durch welliges, von Hochmooren, Moor- und Waldseen durchsetztes Hügelland.

Event-Tipp: Im Kultur- und Bildungszentrum Kloster Seeon werden zahlreiche Kulturveranstaltungen angeboten: von Volksmusik über Klassik-Konzerte bis hin zu Jazzdarbietungen und Theateraufführungen. Mozartwoche immer zur Osterzeit (www.kloster-seeon.de).

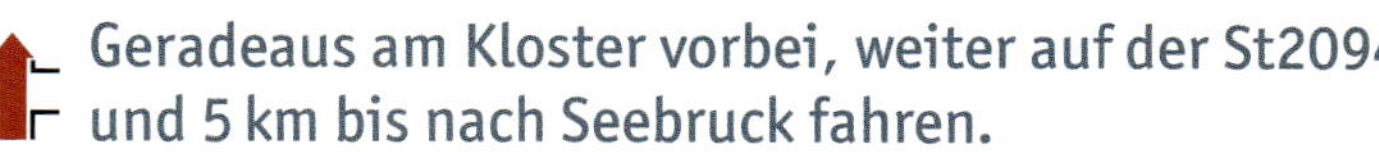

7

16 km

St2095

In Seebruck links auf die St2095 abbiegen und 16 km bis Traunstein fahren.

Strecke: Geradeaus durch die schöne oberbayerische Landschaft.

Info: Das mondäne Seebruck am Chiemsee lockt mit Jachthafen und hübschen Badeanstalten zahlreiche Besucher an. Mit dem Schiff geht es zu den Inseln Herrenchiemsee und Frauenchiemsee. Die Fraueninsel mit ihrem Kloster aus karolingischer Zeit ist das Eiland der Nonnen und Fischer und zugleich ältester Künstlerort Bayerns.

Chiemsee-Schifffahrt, Seestraße 108, 83209 Prien am Chiemsee, Tel. 080 51/60 90, www.chiemsee-schifffahrt.de

Das bayerische Meer: der Chiemsee.

8 | 6 km | B306

Durch Traunstein hindurch bis zur T-Kreuzung, hier rechts auf die B306 und 6 km bis Siegsdorf.

Strecke: Auf der Deutschen Alpenstraße in Richtung Berge.

Restaurant- und Hotel-Tipp: Im Siegsdorfer Gasthof Forelle stoppen Biker gerne, ob für eine Brotzeit oder zum Übernachten.
Hotel Gasthof Forelle, Traunsteiner Straße 1, 83313 Siegsdorf, Tel. 086 62/660 50, hotel-gasthof-forelle.de €€

9 | 10 km | St2098

Im Kreisel kurz hinter Siegsdorf rechts auf die St2098 (1. Ausfahrt) und 10 km bis Ruhpolding.

Strecke: Die Landstraße folgt in flotten Schwüngen der Weißen Traun.

Info: Ruhpolding hat sich zu einem der meist besuchten Erholungsorte in den Chiemgauer Alpen entwickelt.

10 | 21,5 km | B305

Durch Ruhpolding geradeaus auf die B305 und über Seegatterl 21,5 km bis Reit im Winkl fahren.

Strecke: Der Traum vom Fahren – an Weitsee und Mittersee vorbei, mit Bilck auf eine grandiose Bergkulisse! (TOP TIPP)

A Winklmoosalm

Restaurant- und Hotel-Tipp: Entspannen und genießen kann man auf der sonnigen Panoramaterrasse des Alpengasthofs Winklmoosalm.
Alpengasthof Winklmoosalm, Dürrnbachhornweg 6, 83242 Reit im Winkl-Winklmoosalm, Tel. 086 40/974 40, www.winklmoosalm.com €€

Info: Auf der Winklmoosalm, der Heimat der zweifachen Ski-Olympiasiegerin Rosi Mittermaier, kann man ein atemberaubendes Bergpanorama genießen. Von Seegatterl aus die steile Mautstraße erklimmen. Oben fahren Skilifte oder die ganzjährige geöffnete Sesselbahn auf das Dürmbachhorn. Von der Bergstation erreicht man nach kurzer Wanderung das Gipfelkreuz, und es eröffnet sich ein traumhafter Blick.

11

17,5 km

B305

In Reit im Winkl zweimal rechts abbiegen und – weiter auf der B305 – 17,5 km über Marquartstein in Richtung Grassau fahren.

Strecke: Noch mehr Kurven in einer Bilderbuchlandschaft.

Info: Das beliebte Wintersportzentrum Reit im Winkl bezaubert im Sommer mit seinen bemalten Hausfassaden und blumengeschmückten Holzbalkonen. Vor den Toren des Ortes kann man im von markanten Bergen umringten, kristallklaren Weitsee baden.

12

9 km

B305

Bei Staudach-Egerndach im Kreisel die 3. Ausfahrt nehmen und 9 km – weiter auf der B305 – durch Grassau bis Bernau.

Strecke: Jetzt geht es wieder etwas ruhiger zu.

Info: Grassau liegt eingebettet zwischen sepiafarbenem Moor und blau aufragenden Bergwänden. Eine bayerische Idylle.

13

5 km

–

In Bernau links abbiegen, 5 km auf der kleinen Straße bis Aschau.

Balkonblumenromantik in Marquartstein.

14 · 4 km · St2093

In Aschau rechts auf die St2093 und 4 km bis Frasdorf fahren.

Info: Südlich von Aschau liegt das sehenswerte Schloss Hohenaschau mit mittelalterlichem Bergfried.

Schloss Hohenaschau, Schlossbergstraße, 83229 Aschau, Tel. 080 52/90 49 37.

15 · 5,5 km · St2362

In Frasdorf links abbiegen, 0,5 km auf der St2362, dann geradeaus weiter 5 km bis Achenmühle.

Strecke: Verläuft parallel zur Autobahn A8.

16 · 11 km · –

In Achenmühle links abbiegen und 11 km in Richtung Nußdorf am Inn fahren.

Strecke: Abgelegene Landstraße mit schönen Kurvenpartien.

17 · 14,5 km · St2359

In Breiten vor Nußdorf rechts auf die St2359 abbie-gen und 14,5 km über Rohrdorf bis Rosenheim.

Strecke: Viele Kurven durch das malerische Inntal.

A Tatzelwurm

Strecke: Der Tatzelwurm gehört zu den legendären Motorradstrecken in den Bayerischen Alpen.

Info: Von Nußdorf im Inntal gelangt man auf der St2359 über den Luftkur-ort Brannenburg auf einer Mautstraße zum 70 Meter hohen Wasserfall des Tatzelwurms und zur gleichnamigen Ausflugsgaststätte. Der Zugang zu den imposanten Kaskaden wurde mit einem Weg und je einer Brücke im oberen und im unteren Teil erschlossen.

Restaurant- und Hotel-Tipp: Liebevoll eingerichtete Zimmer und einen Wellnessbereich bietet das Hotel Feuriger Tatzlwurm in Oberaudorf.

Hotel Feuriger Tatzlwurm, 83080 Oberaudorf, Tel. 080 34/300 80, www.tatzlwurm.de €€

18

16,5 km

B15

In Rosenheim links abbiegen, den Inn überqueren, nach 1 km rechts und 2,5 km über die Kaiser- und Ebersberger Straße zur B15. Hier rechts und 13 km bis Rott am Inn fahren.

Strecke: Stop-and-go durch die Stadt. Dann freie Fahrt auf schneller Bundesstraße.

19

15 km

B15

In Rott geradeaus auf der B15 bleiben und über Attel 15 km zurück nach Wasserburg fahren.

Strecke: Gut ausgebaute Bundesstraße entlang der Flussauen des Inns.

Restaurant- und Hotel-Tipp: Der Gasthof Fischerstüberl liegt unterhalb des Klosters Attel. Auf der Karte finden sich leichte Küche, Fischspezialitäten sowie Weine aus ökologischem Anbau. Orientalische und vegetarische Gerichte werden im hauseigenen Bistro Wunderlampe serviert. Liebevoll eingerichtete Zimmer.

Gasthof Fischerstüberl, Attel-Elend 1, 83512 Wasserburg-Attel, Tel. 080 71/25 98, www.fischerstueberl-attel.de €€

Postkartenidylle im Inntal.

Oberbayern
Auf der Deutschen
Hopfenstraße
Isental und Hallertau
12

(A) **Ausgangsort**
Wasserburg (83512)

(E) **Zielort**
München (80802)

 199 km  ★★★  ★★

Straßentypen (in Prozent der Streckenlänge)

24	75	1

- Landstraße/asphaltierte Nebenstraße
- Bundesstraße/Schnellstraße
- Autobahn

Diese Tour können Sie mit Route 11 kombinieren.

i **Fremdenverkehrsamt Erding**
Landshuter Straße 12
D-85435 Erding
Tel. 081 22/55 84 88
info@erding-tourist.de
www.erding-tourist.de

(→ *weitere Adressen siehe Seite 187*)

Was wäre Bayern ohne Bier? Doch für ihr Hobby verzichten Biker gerne auf Kostproben – jedenfalls bis Feierabend. Als Trost kann man auf dieser Tour beobachten, wie die Zutaten für das herrliche Getränk längs der Straße gedeihen. Von Wasserburg geht es durch Alleen ins Isental, nach Landshut und Mainburg, dann über die Deutsche Hopfenstraße nach Freising mit einem Abstecher in die bayerische Südsee, die Therme von Erding.

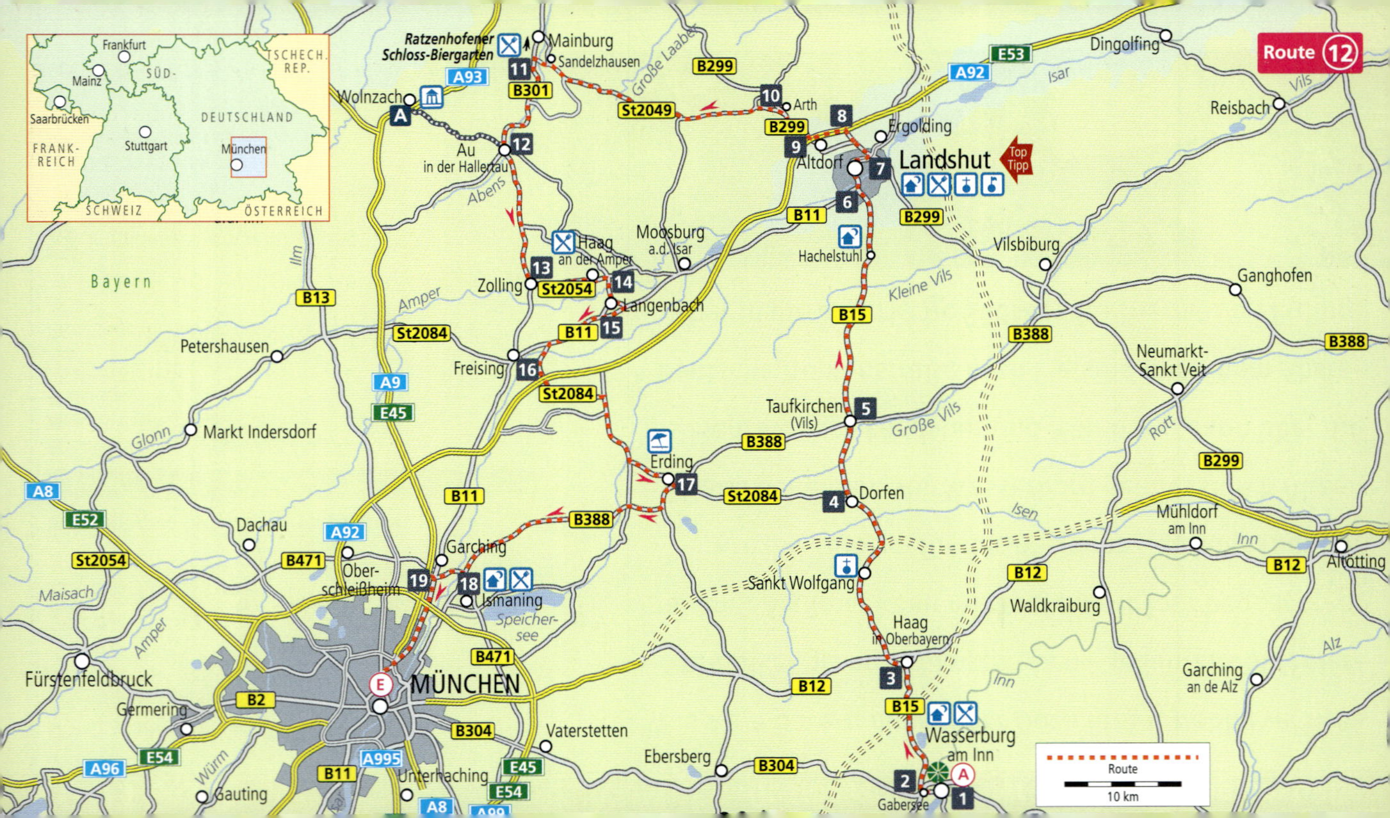

Frankfurt
Mainz
Saarbrücken
SÜD-
DEUTSCHLAND
TSCHECH. REP.
Stuttgart
München
FRANK-REICH
SCHWEIZ
ÖSTERREICH
Route 12
Ratzenhofener Schloss-Biergarten
Mainburg
Sandelzhausen
Große Laaber
B299
Dingolfing
A92
E53
Isar
Vils
11
B301
Wolnzach
A93
A
St2049
10
Arth
B299
8
Ergolding
Reisbach
12
Au in der Hallertau
9
Altdorf
7
Landshut
Top Tipp
6
B299
Abens
Vilsbiburg
Ganghofen
B13
Bayern
Amper
Haag an der Amper
Moosburg a.d. Isar
B11
Hachelstuhl
B15
Kleine Vils
B388
Neumarkt-Sankt Veit
B388
13
Zolling
St2054
14
Langenbach
B11
15
St2084
Freising
16
Petershausen
A9
St2084
B388
Taufkirchen (Vils)
5
Große Vils
Rott
B299
Glonn
Markt Indersdorf
E45
Erding
17
St2084
4
Dorfen
Isen
Mühldorf am Inn
Inn
A8
E52
Dachau
A92
B11
B388
Garching
19
18
Ober-schleißheim
Usmaning
Speicher-see
Sankt Wolfgang
B12
Waldkraiburg
Altötting
B12
St2054
Maisach
B471
MÜNCHEN
E
Haag in Oberbayern
Alz
Garching an de Alz
Fürstenfeldbruck
B2
B471
B12
3
B15
A96
E54
Würm
B11
Germering
Unterhaching
A995
B304
Vaterstetten
Ebersberg
B304
2
1
Gabersee
Wasserburg am Inn
A8
E45
E54
A99
Gauting
Route
10 km

Tour-Stationen auf einen Blick

Tourlänge: 199 km

Nr.	Ort	PLZ	GPS-Koordinaten
Ⓐ	Wasserburg	D-83512	N 48 03.651 E 12 13.556
2	Wasserburg-Gabersee	D-83512	N 48 03.812 E 12 11.819
3	Haag in Oberbayern	D-83527	N 48 09.695 E 12 11.107
4	Dorfen	D-84405	N 48 16.509 E 12 09.136
5	Taufkirchen	D-84416	N 48 20.740 E 12 07.891
6	Landshut	D-84030	N 48 33.234 E 12 09.675
7	Altdorf	D-84032	N 48 34.057 E 12 05.613
8	Arth	D-84095	N 48 35.009 E 12 03.834
9	Mainburg	D-84048	N 48 37.882 E 11 46.671
10	Au in der Hallertau	D-84072	N 48 33.390 E 11 44.756

Nr.	Ort	PLZ	GPS-Koordinaten
11	Zolling	D-85406	N 48 27.383 E 11 46.037
12	Haag an der Amper	D-85410	N 48 27.506 E 11 50.063
13	Langenbach	D-85416	N 48 26.274 E 11 52.038
14	Freising	D-85356	N 48 24.070 E 11 46.473
15	Erding	D-85435	N 48 18.223 E 11 55.175
16	Ismaning	D-85737	N 48 14.110 E 11 41.099
Ⓔ	München	D-80802	N 48 09.221 E 11 34.963

Die Übersicht ist fortlaufend nummeriert und enthält neben den Etappenpunkten zur Orientierung ggf. weitere Orte entlang der Route; Referenzsystem der GPS-Koordinaten: WGS84

1 Ⓐ
3 km
St2359

Wasserburg auf der St2359 (Münchner Straße) verlassen und 3 km bis zur Einmündung auf die B15 in Gabersee.

Info: Der Inn umschlingt Wasserburg derart, dass man den Eindruck hat, die Stadt liegt auf einer Insel. Wer keinen längeren Aufenthalt einplant, sollte die mittelalterliche Perle kurz zu Fuß erkunden. Einen fantastischen Blick über die Stadt hat man vom Aussichtspunkt »Schöne Aussicht« (Parkplatz an der Salzburger Straße).

Restaurant- und Hotel-Tipps: Beim Huberwirt in Wasserburg sind Biker willkommen. In der urigen Gaststube oder auf der Terrasse werden gutbürgerliche, bayerische Schmankerln serviert. Für Unterhaltung sorgt eine Kegelbahn.
Gasthaus Huberwirt, Salzburger Straße 25, 83512 Wasserburg, Tel. 080 71/74 33, www.huberwirtamkellerberg.de €€

2
12 km
B15

Rechts auf die B15 auffahren und der Bundesstraße 12 km bis nach Haag in Oberbayern folgen.

Strecke: *Flotte Fahrt auf der Bundesstraße durch grüne Landschaften mit einsamen Gehöften.*

3

16 km

B15

In Haag Zentrum links auf die Hauptstraße, dann weiter auf der B15 und 16 km über St. Wolfgang bis nach Dorfen fahren.

Strecke: Entspanntes Cruisen auf der Bundesstraße.

Info: In St. Wolfgang thront das gleichnamige Gotteshaus hoch über der Straße. Der Fels, auf dem die Kirche steht, wölbt sich als roter Marmor im Altarbereich aus dem Boden. Dem Stein werden wunderbare Heilkräfte nachgesagt: Gliederschmerzen vergehen angeblich, wenn man durch die Öffnung im Fels hindurchschlüpft.

4

10 km

B15

Geradeaus durch Dorfen, weiterhin auf der B15 bis nach Taufkirchen (Vils) 10 km fahren.

Strecke: Durch grüne Birkenalleen, typisch für das Isental.

Info: Die ehemals keltische Siedlung Dorfen ist der Mittelpunkt des schönen Isentals und überzeugt durch ihren bayerischen Charme, den vor allem der alte Ortskern ausstrahlt. Auf dem Sonntagsmarkt kann man z. B. frische Pilze aus der Gegend kaufen, auch die Geschäfte im Innenstadtbereich sind am Markttag geöffnet.

Markt: So 8–18 Uhr, im Winter bis 17 Uhr, Termine: Tel. 080 81/41 10.

Wunderschönes Haag in Oberbayern.

5
_25 km_
B15

Auch in Taufkirchen geradeaus auf der B15 bleiben und der Bundesstraße 25 km bis Landshut folgen.

Strecke: Zügiger Ritt durchs Grüne mit wenigen Ortsdurchfahrten.

Info: Malerisch liegt Landshut an der Isar und verbreitet italienisches Flair. Landshut mit seiner gotischen, arkadengeschmückten Altstadt unter der Burg Trausnitz hat Erlebniswert. Als Wahrzeichen gilt die Martinskirche mit dem höchsten Ziegelsteinturm der Welt (130,6 m).

Restaurant- und Hotel-Tipp: Die Goldene Sonne ist eines der ältesten Gasthäuser in Landshut. Spezialität des Hauses sind gebratene Tauben. Parkmöglichkeit im Hotelinnenhof.
Gasthof Goldene Sonne, Neustadt 520, 84028 Landshut, Tel. 087 1/925 30, www.goldenesonne.de €€€

Event-Tipp: Alle vier Jahre lädt die Wittelsbacher Herzogstadt zum größten historischen Fest Deutschlands ein. Drei Wochen lang versetzt die »Landshuter Fürstenhochzeit von 1475« Einheimische und Gäste in einen Festtaumel. Über 2 000 Mitwirkende schlüpfen in originalgetreue Kostüme und inszenieren ein prachtvolles Spektakel. In der authentischen Kulisse der Altstadt entfaltet sich mittelalterliche Atmosphäre. Nächster Termin ist Juni/Juli 2013.

Ein echtes Spektakel: Leider wird die Landshuter Hochzeit nur alle vier Jahre gefeiert.

6 · 4,5 km · B15

In Landshut der B15 durch die Stadt folgen. Nach 4,5 km auf der vierspurigen Äußeren Regensburger Straße die erste Abfahrt rechts nehmen.

Hotel-Tipp: Preiswertes Hotel in Hachelstuhl, 5 km nördlich von Landshut direkt an der B15.

Landgasthof-Hotel Hachelstuhl, Kramerstraße 2, 84036 Kumhausen-Hachelstuhl, Tel. 087 05/12 78, www.landgasthof-hotel-hachelstuhl.de €

7 · 3 km · B299

Jetzt links auf die B299 und am BMW-Werk vorbei 3 km bis zur A92.

Strecke: Durchs Industriegebiet raus aus der Stadt.

8 · 3 km · A92

Auf die A92 links in Richtung München auffahren und 3 km bis zur nächsten Ausfahrt (Altdorf).

9 · 3 km · B299

Rechts abfahren, wieder auf die B299, und der Bundesstraße 3 km bis Arth folgen.

Die Landshuter Altstadt.

10 · **23 km** · St2049

Im Kreisel vor Arth die 3. Ausfahrt nehmen und 23 km auf der St2049 Richtung Mainburg fahren.

Strecke: Reisen durchs Hopfenland, auf geraden Pfaden an im Hochsommer tief-grünen Hopfengärten vorbei.

Info: Mitten in Bayern liegt die Kulturlandschaft Hallertau, auch Holledau genannt. Der Hopfenanbau in der Region ist seit dem 8. Jahrhundert belegt, und Mainburg ist das Herz des Hopfenanbaugebiets. Das »grüne Gold« bestimmt im ehemaligen römischen »Castrum Mainberchen« nach wie vor das Leben der Einwohner.

Restaurant-Tipps: Ein uriger Geheimtipp ist der Mainburger Mühlenbiergarten am Ufer der Abens. Rund 6 Kilometer nördlich der Stadt, bei Meilenhofen, liegt der Ratzenhofener Schloss-Biergarten, vielleicht einer der schönsten Biergärten Bayerns. Leider nur am Wochenende und bei schönem Wetter geöffnet (www.ratzenhofen.de).

11 · **10 km** · B301

Bei Mainburg rechts abfahren, danach rechts auf die B301 und 10 km bis Au in der Hallertau.

Strecke: Ruhige Fahrt auf einem Teilstück der insgesamt 49 Kilometer langen Deutschen Hopfenstraße durch die Hallertau.

A Deutsches Hopfenmuseum

Strecke: Schon wegen der kurvenreichen und hügelligen Sträßchen durch die Hallertauer Bilderbuchlandschaft lohnt sich der Abstecher. Kurz vor Au rechts von der B301 abfahren und 10 km der Beschilderung nach Wolnzach folgen.

Info: Eine umfassende Schau rund um das Thema Hopfen bietet das Deutsche Hopfenmuseum im kleinen Wolnzach. Auf einer Fläche von 1 000 Quadratmetern erfährt man alles über Anbau und Verwertung des »grünen Goldes«, über den Hopfenhandel und natürlich über die Hallertauer Bier- und Hopfenkultur, die diesen Landstrich so nachhaltig geprägt hat.

Deutsches Hopfenmuseum Wolnzach, Elsenheimerstraße 2, 85283 Wolnzach, Tel. 084 42/75 74, www.hopfenmuseum.de, Di–So 10–17 Uhr.

12 / 13 km / B301

13 / 6,5 km / St2054

14 / 3,5 km / –

In Au links halten und der B301 folgen. Auf ihr 13 km über Attenkirchen bis nach Zolling fahren.

Bei Zolling rechts abfahren, gleich wieder rechts auf die St2054 und 6,5 km bis zum Kreisel hinter Haag an der Amper.

Strecke: Ein kurzes Stück durch die idyllischen Amperauen.

Restaurant-Tipp: Mitten im Ortskern von Haag, gegenüber dem Dorfplatz, liegt die Schlossallee, eine urige, weitläufige Biergarten-Oase. Mit etwas Glück kann man hier einen skurrilen Wettbewerb der einheimischen Mannsbilder erleben. Beim Wettkampf gilt es, sich an ein Schwein zu klammern und gemeinsam mit dem Tier einen möglichst langen Weg zurückzulegen. Die längste Strecke siegt!
Schlossallee Haag, Freisinger Straße 1, 85410 Haag/Amper, Tel. 081 67/350, www.biergarten-haag.de, Mo–Fr 14–23 Uhr, Sa, So 11–23 Uhr.

Im Kreisel hinter Haag rechts nach Langenbach abbiegen und 3,5 km bis zur B11 fahren.

Strecke: Mit Schwung durch die Flussaue und ein Waldstück.

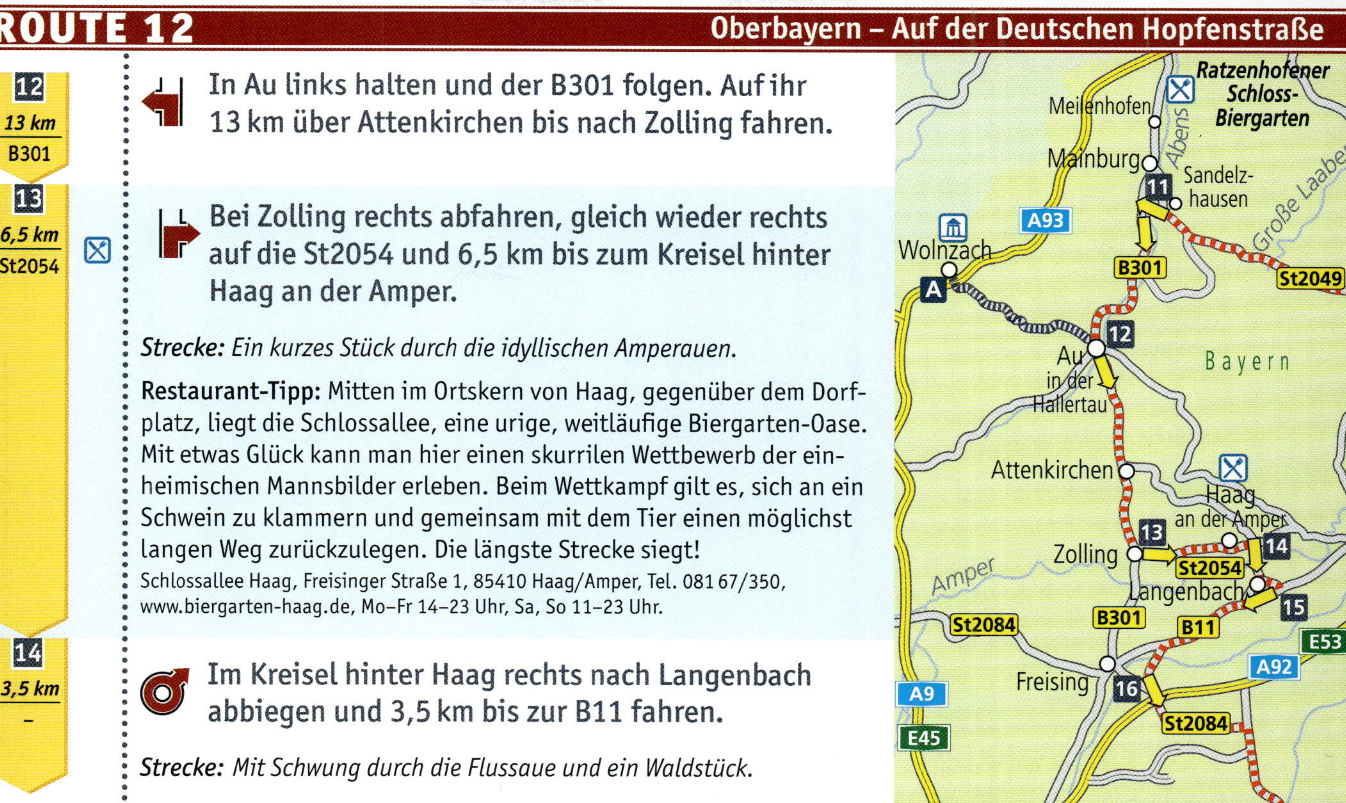

15 · 10 km · B11

Jetzt links abbiegen und rechts auf die B11 auffahren. 10 km in Richtung Freising bis zur A92.

Strecke: Schnelle Bundesstraße durch das Isartal.

16 · 16 km · St2084

Über die Autobahn geradeaus hinweg. Jetzt 16 km auf der St2084 bis nach Erding fahren.

Strecke: Die Fahrt führt um den Münchner Flughafen ins Erdinger Moos.

Info: Die altbayerische Herzogstadt Erding ist reich an imposanten und attraktiven Bauten. Sehenswert sind z. B. der Schöne Turm mit seiner barocken Haube oder die gotische Kirche St. Johann.

Müden Bikern empfiehlt sich ein Besuch in der Therme Erding. Im Sommer genießt man karibisches Flair unter freiem Himmel, im Winter bleibt die riesengroße Kuppel des Freizeitbades geschlossen. Therme Erding, Thermenallee 1, 85435 Erding, Tel. 081 22/227 02 00, www.therme-erding.de

Event-Info: Wenn das Oktoberfest in München beginnt, haben die Erdinger ihr Herbstfest längst gefeiert. Jedes Jahr zum Ausklang des Sommers heißt es hier bereits Ende August »O'zapft is!«. www.herbstfest-erding.de

Die Maispflanzen stehen Spalier.

17

21,5 km

B388

In Erding links auf die Anton-Bruckner-Straße, bis zur B388, rechts abbiegen und 21,5 km in Richtung Ismaning fahren.

Strecke: München rückt näher: Felder, Golfplätze, gerade Straßen.

Restaurant- und Hotel-Tipp: Der Gasthof zur Mühle im historischen Kern von Ismaning bietet seit über 100 Jahren gepflegte Gastlichkeit. Der Biergarten liegt unter alten Kastanien am Seebach.

Hotel-Gasthof zur Mühle, Kirchplatz 5, 85737 Ismaning, Tel. 089/96 09 30, www.hotel-muehle.de €€€

18

3 km

B471

Vor Ismaning rechts auf die B471 auffahren und 3 km in Richtung Garching bis zur B11.

19

13 km

B11

Jetzt links auf die B11. Über die Bundesstraße sind es 13 km bis München, der Endstation der Route.

Strecke: Vorbei an den Münchner Isarauen und dem weitläufigen nördlichen Abschnitt des Englischen Gartens.

Tipp: Aumeister

Info: Der Aumeister ist ein charmanter Biergarten im nördlichen, »wilden« und untouristischen Teil des Englischen Gartens in München. Von der B11 in München-Freimann noch vor dem Föhringer Ring links in die Leinthaler Straße, dann nach 500 m rechts in die Sondermeierstraße abbiegen.

Aumeister, Sondermeierstr. 1, 80939 München, Tel. 089/18 93 14 20, www.aumeister.de

Altmühltal
Enge Täler und
weite Höhen
Durchs Altmühltal nach Regensburg
13

(A) **Ausgangsort**
Harburg (86655)

(E) **Zielort**
Regensburg (93047)

 240 km  ★★★★  ★★★

Straßentypen (in Prozent der Streckenlänge)

80	20

■ Landstraße/asphaltierte Nebenstraße
■ Bundesstraße/Schnellstraße

Diese Tour können Sie mit Route 16 kombinieren.

i Informationszentrum Altmühltal
Notre Dame 1
D-85072 Eichstätt
Tel. 084 21/98760
www.altmuehltal.de

(→ *weitere Adressen siehe Seite 187*)

In Jahrmillionen entstand das Altmühltal. Beharrlich haben die Urkräfte der Eiszeiten, des Windes und nicht zuletzt der Altmühl und ihrer Zuflüsse diese einzigartige harmonische Landschaft geformt. Ein großer Abschnitt des Altmühltals wurde zum Naturpark erklärt, der sich hervorragend mit dem Motorrad erkunden lässt. Ein besonderes Vergnügen ist es dabei, den vielfachen Windungen der Altmühl mit dem Bike zu folgen.

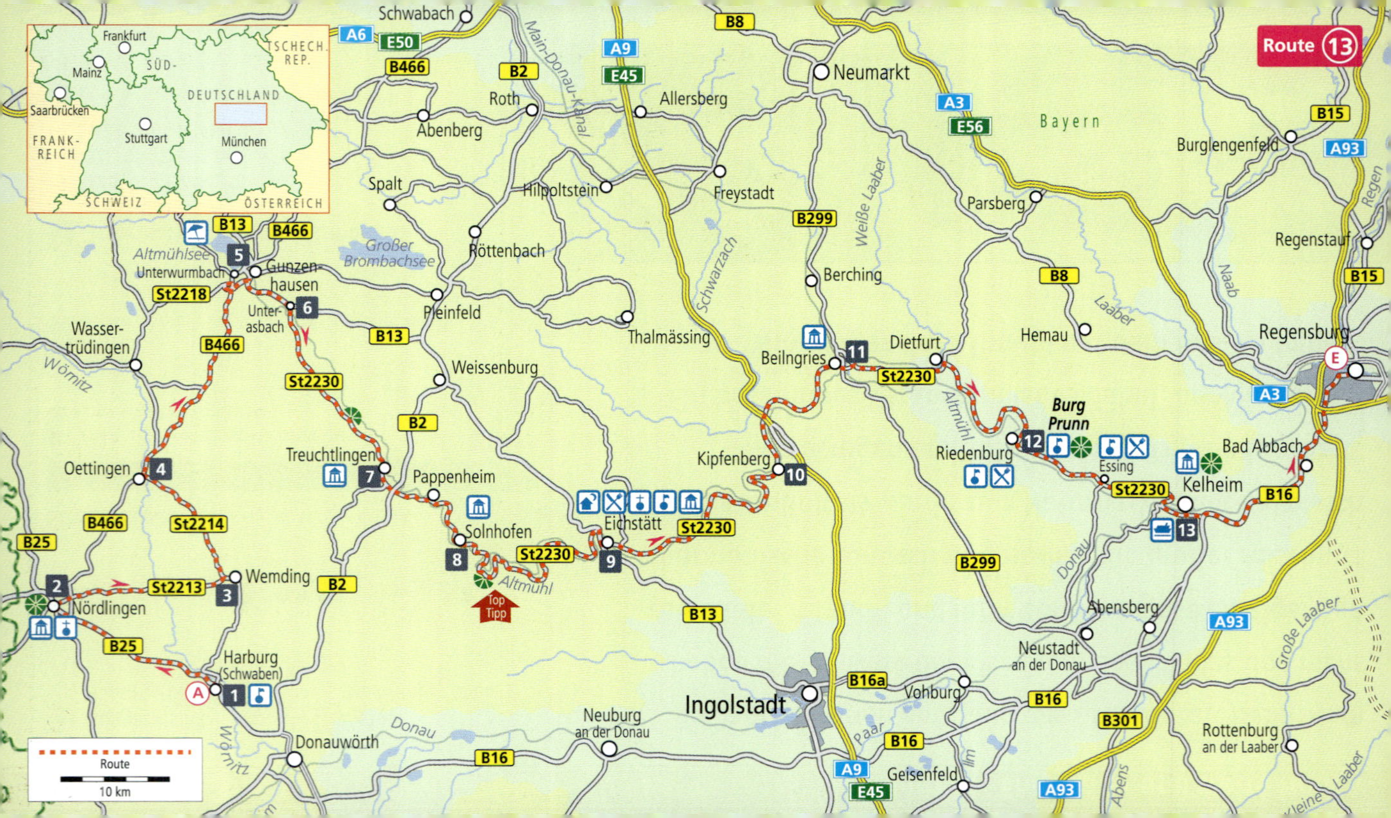

Route 13
FRANKREICH
SCHWEIZ
ÖSTERREICH
TSCHECH. REP.
DEUTSCHLAND
Frankfurt
Mainz
Saarbrücken
Stuttgart
München
SÜD-
Bayern
Schwabach
Neumarkt
Roth
Abenberg
Allersberg
Spalt
Hilpoltstein
Freystadt
Röttenbach
Berching
Parsberg
Regenstauf
Burglengenfeld
Altmühlsee
Großer Brombachsee
Pleinfeld
Thalmässing
Beilngries
Dietfurt
Hemau
Regensburg
Unterwurmbach
Gunzenhausen
Weissenburg
Kipfenberg
Burg Prunn
Wasser-trüdingen
Unter-asbach
Riedenburg
Bad Abbach
Oettingen
Treuchtlingen
Pappenheim
Eichstätt
Essing
Kelheim
Solnhofen
Wemding
Top Tipp
Nördlingen
Ingolstadt
Abensberg
Harburg (Schwaben)
Neuburg an der Donau
Neustadt an der Donau
Vohburg
Donauwörth
Geisenfeld
Rottenburg an der Laaber
Altmühl
Donau
Wörnitz
Main-Donau-Kanal
Weiße Laaber
Schwarzach
Naab
Laaber
Regen
Große Laaber
Kleine Laaber
Abens
Paar
Ilm
A6
E50
B466
B2
A9
E45
B8
A3
E56
B15
A93
B13
B466
St2218
B466
St2230
B2
B13
B299
B8
B15
St2230
B466
St2214
B25
St2213
B2
B13
B16a
B16
A9
E45
B299
B16
B301
A93
1
2
3
4
5
6
7
8
9
10
11
12
13
A
E
Route
10 km

Tour-Stationen auf einen Blick

Tourlänge: 240 km

Nr.	Ort	PLZ	GPS-Koordinaten
A	Harburg (Schwaben)	D-86655	N 48 47.236 E 10 41.205
2	Nördlingen	D-86720	N 48 51.024 E 10 29.459
3	Wemding	D-86650	N 48 52.386 E 10 42.397
4	Oettingen	D-86732	N 48 57.348 E 10 36.701
5	Unterwurmbach	D-91710	N 49 06.296 E 10 43.366
6	Gunzenhausen	D-91710	N 49 06.696 E 10 44.545
7	Unterasbach	D-91710	N 49 05.234 E 10 47.792
8	Treuchtlingen	D-91757	N 48 57.273 E 10 54.488
9	Solnhofen	D-91807	N 48 53.727 E 10 59.558
10	Eichstätt	D-85072	N 48 53.759 E 11 10.933

Nr.	Ort	PLZ	GPS-Koordinaten
11	Kipfenberg	D-85110	N 48 56.941 E 11 23.642
12	Beilngries	D-92339	N 49 02.033 E 11 28.673
13	Riedenburg	D-93339	N 48 57.760 E 11 41.203
14	Kelheim	D-93309	N 48 54.462 E 11 55.689
E	Regensburg	D-93047	N 49 00.604 E 12 05.271

Die Übersicht ist fortlaufend nummeriert und enthält neben den Etappenpunkten zur Orientierung ggf. weitere Orte entlang der Route; Referenzsystem der GPS-Koordinaten: WGS84

1 · 17,5 km / B25

Ⓐ

Von Harburg auf der B25 Richtung Nördlingen, nach 14 km rechts abfahren und 3,5 km auf der Augsburger Straße in die Stadt hinein.

Strecke: Auftakt auf der Romantischen Straße.

Info: Verträumte Winkel und reich verzierte Fachwerkfassaden machen einen Spaziergang durch Harburg zum Erlebnis. Hoch über dem Ort auf einem schroffen Jurafelsen thront stolz die riesige Harburg, steinerne Namensgeberin der Stadt. Sie stammt aus dem 12. Jahrhundert und ist eine der besterhaltenen Burganlagen Deutschlands.

Das mittelalterliche Harburg.

2 · 18 km / St2213

In der Nördlinger Altstadt zweimal rechts abbiegen, dann 18 km auf der St2213 bis nach Wemding.

Strecke: Quer durch das Nördlinger Ries.

Info: Das Rieskrater-Museum informiert über die Entstehung des Nördlinger Ries: Der Einschlag eines gewaltigen Meteoriten vor 15 Millionen Jahren vernichtete Flora und Fauna, dann füllte sich der riesige Krater mit Wasser, ein enormer See entstand, der später verlandete. Rieskrater-Museum, Eugene-Shoemaker-Platz 1, 86720 Nördlingen, Tel. 09081/273 82 20, Di–So 10–12 und 13.30–16.30 Uhr, www.rieskratermuseum.de

Tipp: Blick vom »Daniel«

Info: Den schönsten Blick über das mittelalterliche Nördlingen hat man vom »Daniel«, dem 90 Meter hohen Glockenturm der St.-Georgs-Kirche. Er ist das Wahrzeichen der Stadt. Sehenswert ist auch das Innere der spätgotischen Hallenkirche (1427–1505), insbesondere der barockisierte Hochaltar aus dem 15. Jahrhundert.

3

13 km

St2214

Vor Wemding links auf die St2214 abbiegen und 13 km bis nach Oettingen fahren.

Strecke: Die Straße führt am Rand des Nördlinger Ries entlang.

Info: Die mittelalterliche Ortschaft Wemding zieren liebevoll restaurierte Wehr- und Tortürme, am Marktplatz beherrschen die Giebel der imposanten Bürgerhäuser den Blick.

4

20 km

B466

In Oettingen rechts auf die B466, 20 km bis zur Kreuzung mit der B13 bei Unterwurmbach.

Strecke: Sanft geschwungene Bundesstraße.

Info: Gunzenhausen liegt zwischen der Brombachtalsperre und dem Altmühlsee. Der vier Kilometer lange Altmühlsee wurde erst 1985 aufgestaut und ist heute ein beliebtes Segel-, Surf- und Baderevier.

5

7,5 km

B13

Hier zweimal links und 2 km auf der B13 Richtung Gunzenhausen fahren, dann rechts und 5,5 km weiter auf der B13 bis Unterasbach.

Strecke: Ab Gunzenhausen folgt die Strecke den Windungen der Altmühl.

6

20 km / St2230

Kurz nach Unterasbach rechts auf die St2230 und 20 km bis Treuchtlingen – in den Ort.

Strecke: Gemächliche Fahrt quer durch den Naturpark Altmühltal.

Info: Im Jahr 793 versuchte Karl der Große, die Flüsse Altmühl und Rezat, und somit Rhein und Donau, durch einen Kanal zu verbinden. Das Projekt scheiterte, nur der 3 Kilometer lange Karlsgraben blieb. Eine Ausstellung in der Hüttinger-Scheune dokumentiert den Kanalbau.

Hüttinger-Scheune, Karlsgrabenstraße 7, 91757 Treuchtlingen, Tel. 091 42/86 17, Mai–Mitte Okt. Di–So 14–17 Uhr.

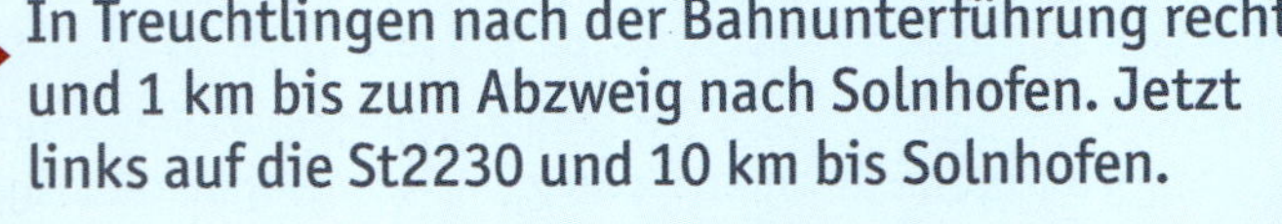

Endlich: die erste Begegnung mit der Altmühl.

7

11 km / St2230

In Treuchtlingen nach der Bahnunterführung rechts und 1 km bis zum Abzweig nach Solnhofen. Jetzt links auf die St2230 und 10 km bis Solnhofen.

Strecke: Großer Fahrspaß, den Windungen der Altmühl folgend.

Info: Weltbekannt sind die neun Versteinerungen des Urvogels Archaeopteryx, die in den Kalksteinbrüchen von Solnhofen gefunden wurden und vor Ort im Bgm.-Müller-Museum ausgestellt sind.

Museum Solnhofen, Bahnhofstraße 8, 91807 Solnhofen, Tel. 091 45/83 20 30, www.solnhofen.de, April–Okt. tgl. 9–17 Uhr, Nov.–März So 13–16 Uhr.

Tipp: Fossiliensuche

Info: Im Hobbysteinbruch in Solnhofen kann man sich gegen eine kleine Gebühr selbst mit Hammer und Meißel auf die Suche nach Fossilien begeben. Informationen dazu erhält man im Bürgermeister-Müller-Museum.

Hobbysteinbruch Solnhofen, Tel. 091 45/83 20 30, www.fossilien-solnhofen.de

8
25 km
St2230

Geradeaus durch Solnhofen und noch weitere 25 km der St2230 bis Eichstätt folgen.

TOP TIPP *Strecke: Ungebremstes Kurvenvergnügen, für flotte wie ruhige Piloten gleichermaßen geeignet.*

Info: Die Zwölf Apostel bei Esslingen zwischen Solnhofen und Eichstätt sind die markanteste Felsformation des Altmühltals.

Die Bischofsstadt Eichstätt wartet mit einem reich ausgestatteten, Dom (1350–1396) auf. Über die Stadt wacht die mächtige Willibaldsburg. Weitere Glanzpunkte sind der Residenzplatz sowie der Marktplatz mit barockem Erscheinungsbild. Im Jura-Museum kann man erleben, wie es in der Gegend vor über 150 Millionen Jahren ausgesehen haben könnte (www.jura-museum.de).

Restaurant- und Hotel-Tipps: Das 300 Jahre alte Barockhotel Adler am Eichstätter Marktplatz verspricht stilvolle Unterkunft. Eine eigene Konditorei mit Café bietet das Hotel Fuchs nahe der Eichstätter Universität. Motorräder stehen in einer abgeschlossenen Garage.

Hotel Adler, Marktplatz 22–24, 85072 Eichstätt, Tel. 084 21/67 67, www.adler-eichstaett.de € €

Hotel garni Café Konditorei Fuchs, Ostenstraße 8, 85072 Eichstätt, Tel. 084 21/67 89, www.hotel-fuchs.de €

Pause auf der mächtigen Willibaldsburg.

9

24,5 km
St2230

In Eichstätt geradeaus, über die Pfahlstraße zur Residenz und rechts auf die Ostenstraße (St2230), weiter 21 km bis Kipfenberg.

Strecke: Die Kurven werden etwas verhaltener, aber schöne Landschaft.

Event-Tipp: Mitte August erinnert in Kipfenberg das mehrtägige Limesfest an die Zeiten der alten Germanen und Römer. Höhepunkt ist der große Festumzug (www.kipfenberg.de).

10

16 km
St2230

In Kipfenberg links, dann rechts der St2230 durch den Ort und weitere 16 km bis Beilngries folgen.

Info: Reizvoll von den Resten einer mittelalterlichen Wehranlage mit markanten Türmen umgeben liegt das Städtchen Beilngries mit seinen stattlichen alten Bürgerhäusern, deren schöne Giebelfassaden und Erker ins Auge fallen. Interessant ist die sonntägliche Führung durch das Felsenkeller-Labyrinth des Brauerei-Museums in Beilngries, lecker die Bierverkostung, die im Anschluss daran angeboten wird.
Brauerei-Museum, Bräuhausstraße 36, 92339 Beilngries, Tel. 084 61/10 33, www.altmuehltal.de/beilngries/muse-bra.htm, Führung Mai–Okt. So 10.30 Uhr.

Bizarre Jurafelsen – typisch für das Altmühltal.

11

27 km

B299
St2230

In Beilngries nach dem Kreisel rechts, nach 0,5 km auf der B299 links über den Fluss und sofort wieder rechts. 26,5 km auf der St2230 nach Riedenburg.

Strecke: *Jetzt folgt die Straße dem Main-Donau-Kanal, die langen Schwünge sind entsprechend schneller zu fahren.*

Info: Weiß leuchtet der steil abfallende Jurafelsen, auf dem Burg Prunn bei Riedenburg in 70 Meter Höhe thront. Die Burganlage kann besichtigt werden, und vom Burghof hat man eine reizvolle Fernsicht. Als malerische Ruinen grüßen die Burgen Rabenstein und Tachenstein, westlich von Riedenburg hinunter ins Altmühltal. Wahrzeichen der Stadt ist jedoch der mächtige Bau der Rosenburg, auf der täglich eine Flugschau mächtiger Greifvögel bestaunt werden kann.

Falkenhof Schloss Rosenburg, 93339 Riedenburg, Tel. 094 42/27 52, www.falkenhofrosenburg.de, Di–So 11 und 15 Uhr.

Restaurant-Tipp: Mittelalterliches Ambiente und gutbürgerliche Küche bietet der Burgkeller Rosenburg zu Riedenburg. Raue Sitten aus früheren Zeiten werden beim zünftigen Ritteressen zelebriert – gegessen wird aus Holzgeschirr mit nur einem Messer. Für Unterhaltung sorgen altertümliche Musik und historische Einlagen.

Burgkeller Schloss Rosenburg , Schloßweg 7, 93339 Riedenburg, Tel. 094 42/25 97, www.ritteressen-riedenburg.de, Ritteressen ab 30 Personen, Voranmeldung nötig.

Abgerichtete Greifvögel kann man bei den Flugschauen auf der Riedenburger Rosenburg erleben.

12

19,5 km

St2230

Geradeaus durch Riedenburg und weitere 19,5 km der St2230 über Essing bis Kelheim folgen.

Info: In Essing überquert die längste Holzbrücke Europas den Altmühlkanal. Die 193 Meter lange Holzspannbrücke, bei der 90 Prozent der Last von der Spannung der ungewöhnlichen Konstruktion getragen wird, wurde im Jahr 1987 als Attraktion des neuen Main-Donau-Kanals errichtet.

Info: Anspruchsvolle Kletterfreunde kommen im Altmühltal auf ihre Kosten. Die Kletterhänge des Jura haben Schwierigkeitsgrade von V bis X. Kondition und Können sind also Voraussetzung. Leichtere Touren gibt es rund um Eichstätt. Information und Kartenmaterial stellt der Alpenverein zur Verfügung (www.alpenverein.de).

Restaurant- und Hotel-Tipp: Auch Motorradfahrer sind beim Felsenwastlwirt, dem Szenetreff der Kletterer in Essing, gern gesehene Gäste. Auf Wunsch auch Halb- und Vollpension. Kostenlose Stellplätze in der Tiefgarage.

Felsenwastlwirt, Unterer Markt 19, 93343 Essing, Tel. 094 47/362, www.gasthof-felsenwastlwirt.de €

Burg Prunn bei Riedenburg thront auf einem mächtigen Felsvorsprung.

13

21 km

B16

An Kelheim vorbei bis Saal a. d. Donau. Hier im Gewerbegebiet rechts auf die B16 auffahren. Auf der Bundesstraße 21 km zurück nach Regensburg.

Info: Weithin sichtbar auf dem Michelsberg steht das Wahrzeichen Kelheims: die Befreiungshalle, die König Ludwig I. 1813–1815 als Monumentaltempel errichten ließ zum »Andenken an die Befreier Deutschlands aus dem napoleonischen Joch«.
Befreiungshalle Kelheim, Befreiungshallestraße 3, 93309 Kelheim, Tel. 094 41/682 07 10, Mitte März–Okt. tgl. 9–17.15 Uhr, Nov–Mitte März 9–16 Uhr.

Kelheim ist Ausgangspunkt für Schiffstouren auf dem Main-Donau-Kanal ins Altmühltal, die fast zum Pflichtprogramm zählen, wenn man die Gegend besucht. Von April bis September ist ein Linienverkehr von Kelheim über Riedenburg nach Beilngries eingerichtet und lädt ein, die zurückliegende Motorradtour Revue passieren zu lassen.
Altmühl Personenschifffahrt, Postfach 1111, 93301 Kelheim, Tel. 094 41/24 87.

Kelheims Wahrzeichen: die Befreiungshalle.

Wunderbare Aussichten in die Juralandschaft.

Bayerischer Wald
Durchsichtige
Begegnungen
Deggendorf, Zwiesel, Metten

 166 km  ★★★★   ★★★★

(A) Ausgangsort
Deggendorf (94469)

(E) Zielort
Deggendorf (94469)

Straßentypen (in Prozent der Streckenlänge)

90	10

■ Landstraße/asphaltierte Nebenstraße
■ Bundesstraße/Schnellstraße

Diese Tour können Sie mit Route 15 kombinieren.

i Deggendorf Kultur- und Verkehrsamt
Oberer Stadtplatz
D–94469 Deggendorf
Tel. 099 21/296 05 35
www.deggendorf.de

(→ *weitere Adressen siehe Seite 187*)

Auf dieser Tour begeben wir uns auf die Spuren des Glases. Diese »eingefrorene Flüssigkeit«, wie frühe Chemiker es bezeichneten, prägte die Gegend maßgeblich. Die Route streift immer wieder den ersten, 1970 gegründeten Nationalpark Deutschlands und lädt so ein, sich auf gut ausgebauten Wanderwegen im Bayerischen Wald die Füße zu vertreten. Auf den wenig befahrenen Nebenstrecken reiht sich eine Kurve an die andere.

Route 14
Frankfurt
Mainz
SÜD-DEUTSCHLAND
Stuttgart
München
FRANK-REICH
Saarbrücken
SCHWEIZ
ÖSTERREICH
TSCHECH. REP.
Kötzting
Grub
Haibühl
Engelshütt
Lam
Lohberg
St2154
Großer Riedelstein 1133
Eck
Schwarzeck 1238
Brennes
St2154
Großer Arber 1456
Žlezná Ruda
Bayerisch Eisenstein
TSCHECHISCHE
Hartmanice
190
Niederndorf
St2326
Wettzell
St2326
Arnbruck
Drachselried
St2132
Bodenmais
Mooshof
10
B11
Haus zur Wildnis
Top Tipp
Großer Falkenstein 1312
REPUBLIK
169
Wiesing
Weigelsberg 898
Höllenstein-stausee
Weißer Regen
B85
12
Viechtach
Schlatzendorf
13
St2139
Kollnburg
Kirchaitnach
Ayrhof
B85
Ludwigsthal
9
Nationalpark
Spiegelhütte
B11
Buchenau
Oberzwieselau
8
Dampf-säge
Zwiesel
7
Flanitz-mühle
A
Ober-frauenau
Kleiner Rachel 1399
167
Utzmanns-dorf
Konzell
B20
St2140
Einweging
Allersdorf
B85
Langdorf
St2132
6
Ober-mitterdorf
St2135
B11
Bärnzell
Frauenau
1453
Großer Rachel
St2139
Naturpark
Bayerischer
B11
Ruhmann-felden
March
4
Regen
5
St2135
St2134
Bayerischer
St2132
Mitterfels
Maibrunn
Haselbach
St. Englmar
Achslach
B11
Habischried
Augrub
Burgruine Weißenstein
B85
Rinchnach
Althütte
Steinach
DEUTSCHLAND
Kalteck
Geißkopf 1097
Bischofsmais
Zell
Kirchdorf i. Wald
Kirchberg i. Wald
B85
Spiegleau
Riedlhütte
Hunderdorf
Bernried
Schwarzach
St2125
Bogen
A3
Schloss Egg
Grafling
1092 Dreitannen-riegel
Wald
Rusel-absatz
Scheibe
Rusel
Kaltenbrunn
Große Ohe
St. Oswald-Riedlhütte
Hohenau
Straubing
Ainbrach
E56
Egg
Metten
14
St2125
Deggendorf
Mietraching
St2135
Böhaming
St2133
Gneisting
B533
Almosen-reuth
Grafenau
B533
Schambach
Irlbach
B20
B8
Donau
1
A
E
2
Schaufling
Auerbach
Schönberg
B85
Straßkirchen
A98
E53
Route
5 km
Schw. Regen
Kinsach
Reschwasser
Kvilda

Tour-Stationen auf einen Blick

Tourlänge: 166 km

Nr.	Ort	PLZ	GPS-Koordinaten
(A)	Deggendorf	D-94469	N 48 50.033 E 12 57.569
2	Bischofsmais	D-94253	N 48 54.243 E 13 05.824
3	March	D-94209	N 48 59.091 E 13 04.177
4	Regen	D-94209	N 48 58.042 E 13 07.389
5	Langdorf	D-94264	N 49 00.994 E 13 08.573
6	Zwiesel	D-94227	N 49 00.830 E 13 13.932
7	Dampfsäge	D-94227	N 49 00.864 E 13 16.349
8	Frauenau	D-94258	N 48 59.426 E 13 18.075
9	Buchenau	D-94227	N 49 01.914 E 13 19.466
10	Ludwigsthal	D-94227	N 49 03.167 E 13 14.280

Nr.	Ort	PLZ	GPS-Koordinaten
11	Bayerisch Eisenstein	D-94252	N 49 07.354 E 13 12.196
12	Engelshütt	D-93462	N 49 12.439 E 13 01.826
13	Arnbruck	D-93471	N 49 07.682 E 12 59.499
14	Viechtach	D-94234	N 49 04.663 E 12 52.496
15	Schlatzendorf	D-94234	N 49 04.062 E 12 53.588
16	Achslach	D-94250	N 48 53.300 E 12 55.917
17	Metten	D-94526	N 48 50.804 E 12 54.595
(E)	Deggendorf	D-94469	N 48 50.033 E 12 57.569

Die Übersicht ist fortlaufend nummeriert und enthält neben den Etappenpunkten zur Orientierung ggf. weitere Orte entlang der Route; Referenzsystem der GPS-Koordinaten: WGS84

1 · 1 km · B11

Von Deggendorf 1 km auf der B11 in Richtung Regen/Bayerisch Eisenstein fahren.

Info: Deggendorf bietet mit seiner beschaulichen Altstadt ein angenehmes Ambiente zum Bummeln. Der massive Rathausturm dominiert das Zentrum. Dagegen wirkt der Turm der Heilig-Grab-Kirche, eine der schönsten Barockkirchen Bayerns, nahezu zerbrechlich.

Hotel-Tipp: Das 3-Sterne Stadthotel und Kolpinghaus Deggendorf ist eine angenehme Adresse direkt in der Innenstadt. Die Tiefgarage kann kostenfrei genutzt werden.

Stadthotel Deggendorf, Östlicher Stadtgraben 13, 94469 Deggendorf, Tel. 09 91/37 16 40, www.stadthotel-deggendorf.de €€

2 · 15 km · St2135

Vor dem Tunnel rechts von der B11 abfahren. An der nächsten Kreuzung rechts auf die St2135 und 15 km bis zur Abzweigung (Kreuzung) nach Bischofsmais.

Strecke: Die steile, legendäre Rusel-Bergstraße!

Restaurant-Tipp: Der urige Gasthof Rusel-Alm-Hütte in Schaufling-Rusel serviert leckeres Essen und hat eine aussichtsreiche Terrasse.

Gasthof Rusel-Alm-Hütte, 94571 Schaufling-Rusel, Tel. 099 20/264.

Der beschauliche Stadtplatz von Deggendorf.

3 / **12 km** / –

An der Abzweigung links, 12 km über Bischofsmais auf kleinen Straßen bis nach March – durch den Ort.

Strecke: *Teilweise durch schattigen Wald.*

Info: Im Bikepark MTB-Zone geht es mit dem Miet-Moutainbike durch wilde Parcours – auch Strecken für Anfänger und Schulungen.
Bikerpark MTB-Zone, Unterbreitenau 1, 94253 Bischofsmais, Tel. 099 20/90 31 35, www.bikepark.net

4 / **5 km** / **B11**

Hinter March rechts auf die B11 abbiegen und 5 km bis Regen fahren.

Info: Ein außergewöhnlicher Skulpturenpark: Neben der Burgruine Weißenstein südlich von Regen wachsen gläserne Bäume – vor allem im Abendlicht ein spektakulärer Anblick (www.glaeserner-wald.de).

Event-Tipp: Mit dem Pichelsteinerfest Ende Juli wird in Regen dem gleichnamigen Eintopf gehuldigt (www.landkreis-regen.de).

5 / **6 km** / **St2135**

Von der B11 rechts in Richtung Stadtmitte Regen abfahren, 1 km geradeaus durch Regen, dann links auf die St2135 und 5 km bis Langdorf.

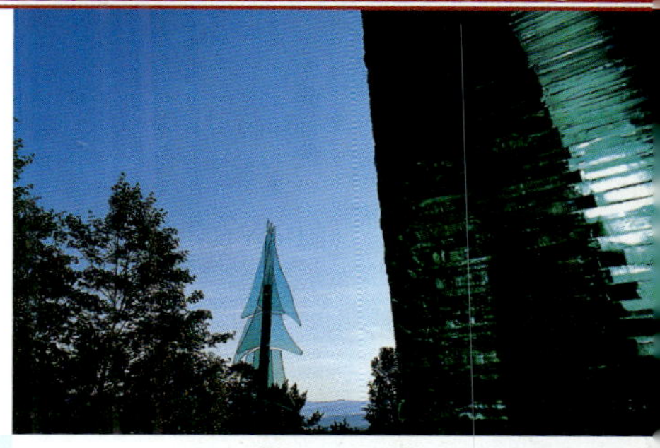

Der gläserne Wald bei Weißenstein.

Tipp: Pension Waldhof

 Camping- und Hotel-Tipp: In der Pension Waldhof in Langdorf sind Biker gern gesehene Gäste. Ein Trockenraum ist vorhanden, Garagenstellplätze gibt es auf Wunsch. Das Haus betreibt auch einen ganzjährig geöffneten Campingplatz mit kleinem Naturbadesee.
Pension Waldhof, Nebelberg 26, 94264 Langdorf, Tel. 099 22/10 24, www.urlaub-waldhof.de €

6

7 km
St2132

Von der Umgehungsstraße nach Langdorf rechts abbiegen und 7 km auf der St2132 bis nach Zwiesel.

Strecke: Kleine, kurvige Nebenstraßen.

Info: »Fein Glas, gut Holz sind Zwiesels Stolz« lautet der Wahlspruch der Glasstadt Zwiesel, die für ihre Glasindustrie, ihre Kristallmanufakturen, ihre Glasveredelungsbetriebe und die Glasfachschule bekannt ist. Vor der Glashütte der Zwiesel Kristallglas AG fühlt man sich fast wie am Louvre in Paris: Eine riesige Kristallglas-Pyramide ragt vor dem Werksgebäude in den Himmel. Sie besteht aus über 93 000 aufgetürmten Weingläsern und ist mit über acht Metern Höhe die größte Kelchglaspyramide der Welt.

Restaurant- und Hotel-Tipp: Eine gute Anlaufstelle für Motorradfahrer ist das Hotel Zur Waldbahn in Zwiesel – ein traditionelles Hotel-Restaurant mit Hallenbad und Sauna. Der Seniorchef des Hauses ist selbst begeisterter BMW-Oldtimer-Fan, gibt gerne Tipps und bietet auch geführte Touren an. Trockenraum, Werkzeug und sichere Abstellplätze sind vorhanden.

Hotel zur Waldbahn, Bahnhofsplatz 2, 94227 Zwiesel, Tel. 099 22/85 70, www.zurwaldbahn.de €€

Im Bayerischen Wald wird Brauchtum gelebt.

7

4 km

St2132

In Zwiesel links über den Stadtplatz bergauf. Am Ende des Stadtplatzes rechts auf die Frauenauer Straße und 3,5 km auf der St2132 bis Dampfsäge.

8

14 km

–

Am Golfplatz in Dampfsäge links und 1 km nach Oberzwieselau. Hier rechts halten und über Buchenau 13 km bis Ludwigsthal fahren.

Strecke: Auf kleinsten Sträßchen am Nationalpark entlang.

9

10 km

B11

In Ludwigsthal rechts auf die B11, der Bundesstraße 10 km bis nach Bayerisch Eisenstein folgen.

Strecke: Gut ausgebaute Europastraße, die bis nach Böhmen führt.

 Nicht nur Naturfreunde sollten unterwegs das Infozentrum des Nationalparks besuchen. Bei einem Spaziergang lassen sich Luchse, Wölfe und Wildpferde in Freigehegen beobachten.

Haus zur Wildnis, Ludwigsthal, 94227 Lindberg, Tel. 099 22/500 20, www.nationalpark-bayerischer-wald.de

A Abstecher: Frauenau

Info: In dem traditionellen Glasmacherdorf Frauenau hat auch Erwin Eisch sein Atelier. Die Arbeiten des Glaskünstlers zeigen die Vielfalt des fragilen Materials ebenso wie die Kreativität des Mitbegründers der Studio-Glas-Bewegung.

Valentin Eisch Glashütte, Am Steg 7, 94258 Frauenau, Tel. 099 26/18 90, www.eisch.de

Restaurant- und Hotel-Tipps: Der Gutsgasthof von Poschinger in Oberfrauenau bietet urige Gemütlichkeit und bayerisch-ökologische Schmankerln. Spezielle Angebote für Biker gibt es im Landgasthof Hubertus.

Gutsgasthof von Poschinger, Oberfrauenau, 94258 Frauenau, Tel. 099 26/18 05 62, www.poschinger.de

Bikerhotel Landgasthof Hubertus, Loderbauerweg 2, 94258 Frauenau, Tel. 099 26/95 00, www.landgasthof-hubertus.de €

10
26 km
St2154

In Bayerisch Eisenstein, kurz vor der Staatsgrenze, links abbiegen, 26 km auf der St2154 Richtung Brennes/Bad Kötzting bis Engelshütt.

Info: Freunde alter Dampflokomotiven sollten das Localbahnmuseum in Bayerisch Eisenstein besuchen. Mehr als 20 historische Fahrzeuge aus allen Epochen der bayerischen Lokalbahngeschichte kann man hier bestaunen, und die Schau wird ständig erweitert.
Localbahnmuseum, Bahnhofstraße 44, 94252 Bayerisch Eisenstein, Tel. 099 25/13 76, www.localbahnverein.de

Strecke: Panoramastraße parallel zur tschechischen Grenze. Wegen ihrer Serpentinen ist sie eine beliebte Bikerstrecke.

11
29 km
St2326

In Engelshütt links auf die St2326, 29 km über Eck und Arnbruck bis nach Viechtach fahren.

Strecke: Schöne kurvige Strecke.

Info: Ein fantasievolles Gesamtkunstwerk aus Glas, die »Gläserne Scheune« in Rauhbühl, sollte man sich nicht entgehen lassen.
Gläserne Scheune, Rauhbühl 3, 94234 Viechtach, Tel. 099 42/81 47, www.glaeserne-scheune.de, April–Sept. 10–17 Uhr, Okt. 10–16 Uhr.

Baumriesen im Nationalpark.

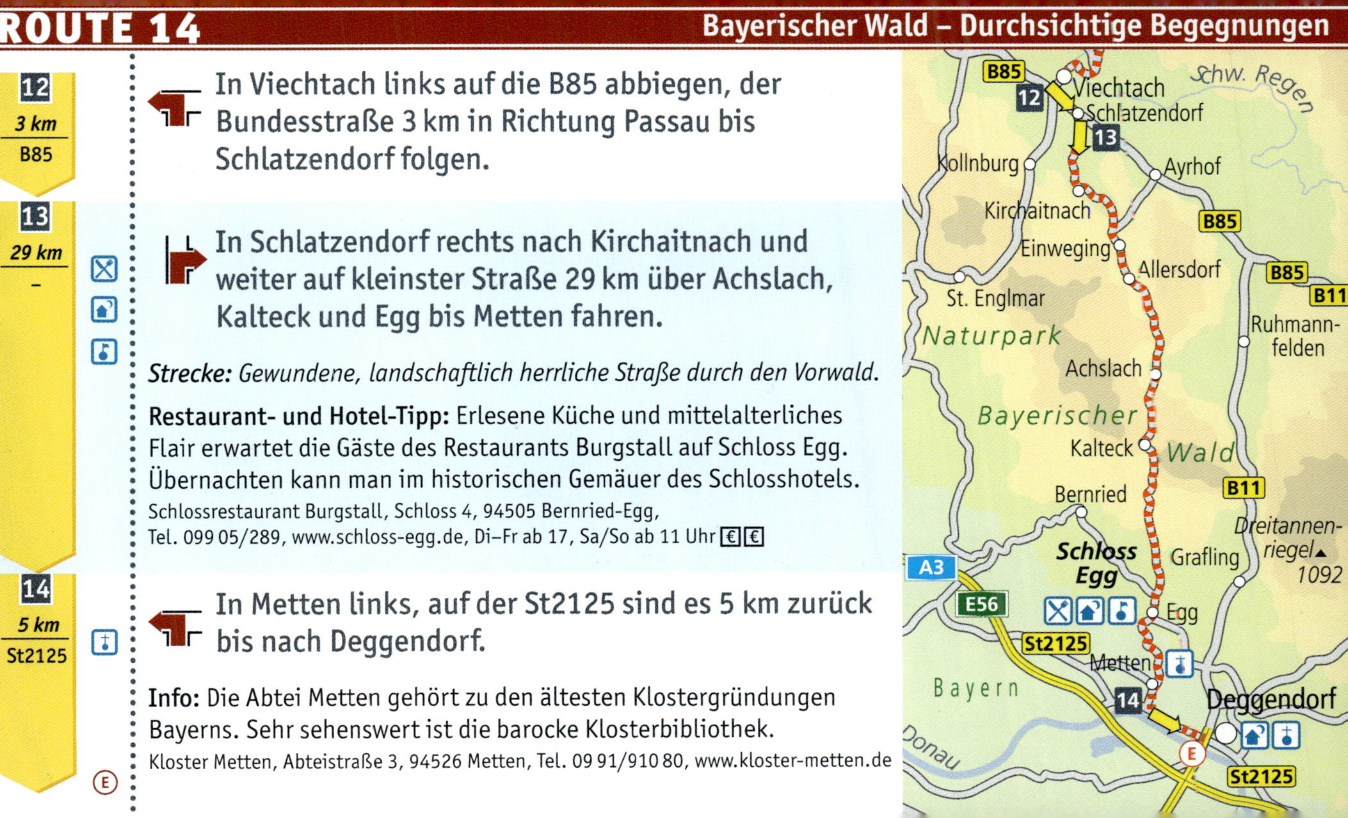

12 — 3 km / B85

In Viechtach links auf die B85 abbiegen, der Bundesstraße 3 km in Richtung Passau bis Schlatzendorf folgen.

13 — 29 km / –

In Schlatzendorf rechts nach Kirchaitnach und weiter auf kleinster Straße 29 km über Achslach, Kalteck und Egg bis Metten fahren.

Strecke: Gewundene, landschaftlich herrliche Straße durch den Vorwald.

Restaurant- und Hotel-Tipp: Erlesene Küche und mittelalterliches Flair erwartet die Gäste des Restaurants Burgstall auf Schloss Egg. Übernachten kann man im historischen Gemäuer des Schlosshotels. Schlossrestaurant Burgstall, Schloss 4, 94505 Bernried-Egg, Tel. 099 05/289, www.schloss-egg.de, Di–Fr ab 17, Sa/So ab 11 Uhr €€

14 — 5 km / St2125

In Metten links, auf der St2125 sind es 5 km zurück bis nach Deggendorf.

Info: Die Abtei Metten gehört zu den ältesten Klostergründungen Bayerns. Sehr sehenswert ist die barocke Klosterbibliothek. Kloster Metten, Abteistraße 3, 94526 Metten, Tel. 09 91/910 80, www.kloster-metten.de

Vom Gäuboden ins Böhmische

Straubing, Obererer Bayerischer Wald, Chodenland

(A) Ausgangsort
Straubing (94315)

(E) Zielort
Straubing (94315)

 241 km  ★★★★ ★★★★

Straßentypen (in Prozent der Streckenlänge)

75	25

■ Landstraße/asphaltierte Nebenstraße
■ Bundesstraße/Schnellstraße

Diese Tour können Sie mit Route 14 kombinieren.

i Amt für Tourismus
Im Rathaus
Theresienplatz 20
D–94315 Straubing
Tel. 094 21/94 43 07
www.straubing.de

(→ *weitere Adressen siehe Seite 187*)

Jede Menge kulturhistorischer Perlen gibt es auf dieser Tour zu entdecken – dabei bleibt der Fahrspaß aber keineswegs auf der Strecke: Auf kleinsten Verbindungsstraßen geht es zum »Tatzelwurm des Bayerwaldes« am Pröller und dann auf engen Nebenstrecken zum Höllensteinsee. Ein weiterer Höhepunkt für Kurvengurus sind die Serpentinen im Böhmerwald. Achtung, die Route ist für ungeübte Fahrer nicht unbedingt zu empfehlen.

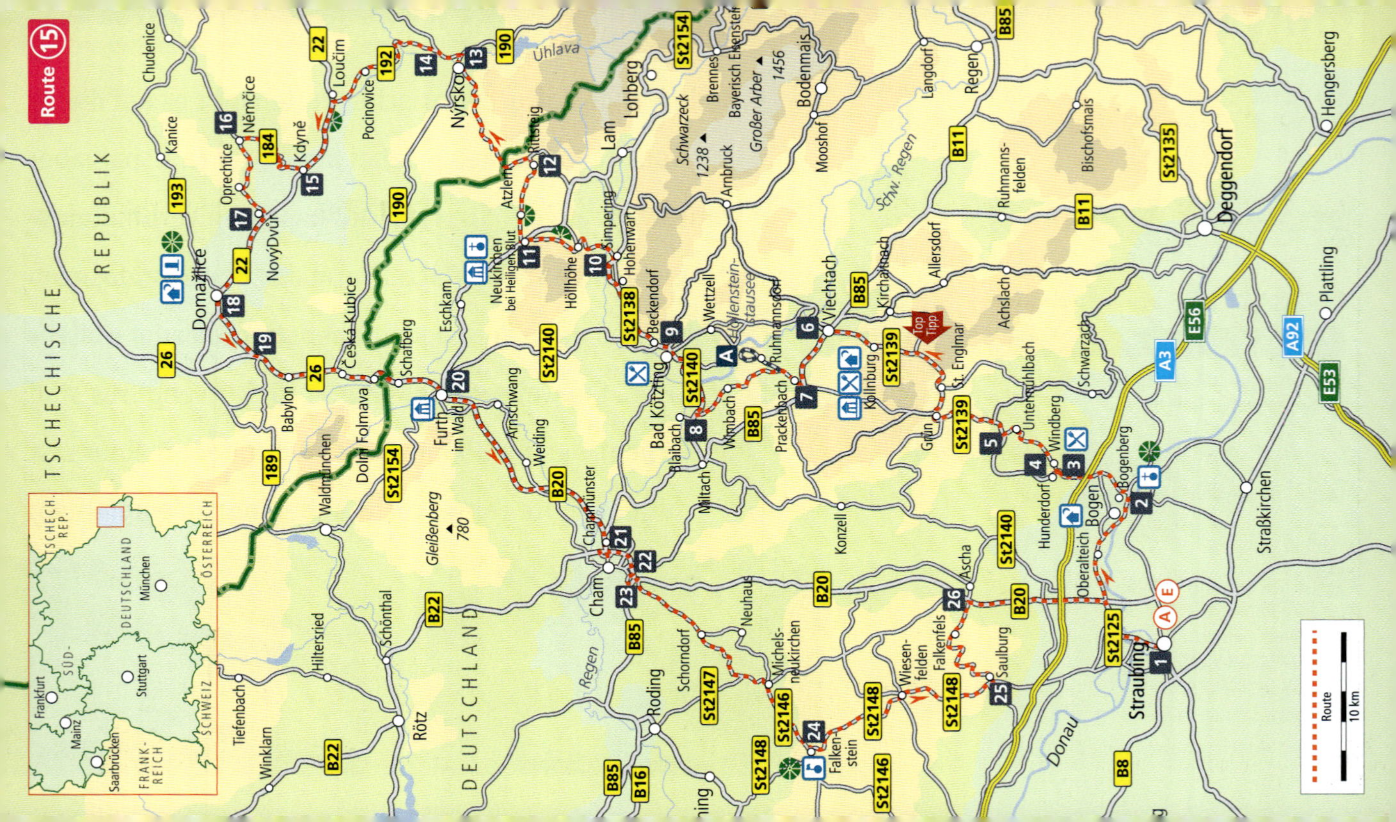

Route 15
TSCHECHISCHE REPUBLIK
DEUTSCHLAND
Chudenice
Kanice
Loučim
Pocinovice
Němčice
Oprechtice
Kdyně
Nový Dvůr
Domažlice
Babylon
Česká Kubice
Dolní Folmava
Schafberg
Eschkam
Waldmünchen
Nýřsko
Uhlava
Ritzreig
Atzlern
Lohberg
Lam
Schwarzeck
Brennes
Bayerisch Eisenstein
Großer Arber 1456
Bodenmais
Arnbruck
1238
Mooshof
Langdorf
Regen
Schw. Regen
Ruhmanns-felden
Bischofsmais
Plattling
Deggendorf
Hengersberg
Neukirchen bei Heiligen Blut
Höllhöhe
Simpering
Hohenwart
Beckendorf
Wettzell
Höllenstein-stausee
Viechtach
Kirchaitnach
Allersdorf
Achslach
Schwarzach
Bad Kötzting
Wimbach
Blaibach
Miltach
Prackenbach
Ruhmannsdorf
Kollnburg
St. Englmar
Top Tipp
Grün
Unterrubhlbach
Windberg
Bogenberg
Bogen
Hunderdorf
Oberalteich
Furth im Wald
Arnschwang
Weiding
Chammünster
Cham
Konzell
Ascha
Schorndorf
Roding
Neuhaus
Michels-neukirchen
Wiesen-felden
Falkenfels
Saulburg
Straubing
Straßkirchen
Tiefenbach
Winklarn
Rötz
Schönthal
Gleißenberg 780
Falken-stein
Donau
Regen
A3 E56 A92 E53
B85 B11 B20 B22 B8 B16
St2154 St2135 St2138 St2139 St2140 St2147 St2148 St2146 St2125
184 189 190 192 193 22 26
Route
10 km
TSCHECH. REP.
ÖSTERREICH
DEUTSCHLAND
München
Stuttgart
Frankfurt
Mainz
Saarbrücken
FRANKREICH
SCHWEIZ
SÜD

Tour-Stationen auf einen Blick

Tourlänge: 241 km

Nr.	Ort	PLZ	GPS-Koordinaten
A	Straubing	D-94315	N 48 52.661 E 12 34.416
2	Bogenberg	D-94327	N 48 53.819 E 12 42.784
3	Hunderdorf	D-94336	N 48 56.482 E 12 43.890
4	Untermühlbach	D-94362	N 48 58.238 E 12 46.719
5	Viechtach	D-94234	N 49 04.498 E 12 52.768
6	Prackenbach	D-94267	N 49 05.526 E 12 49.664
7	Blaibach	D-93476	N 49 09.528 E 12 48.598
8	Beckendorf	D-93444	N 49 10.891 E 12 52.326
9	Simpering	D-93480	N 49 12.246 E 12 57.225
10	Neukirchen b. Hl. Blut	D-34431	N 49 15.542 E 12 58.229

Nr.	Ort	PLZ	GPS-Koordinaten
11	Nýrsko	CZ-34022	N 49 17.439 E 13 08.225
12	Kdyně	CZ-34506	N 49 23.414 E 13 02.441
13	Němčice	CZ-34506	N 49 25.515 E 13 04.568
14	Domažlice	CZ-34401	N 49 26.379 E 12 55.276
15	Furth	D-93437	N 49 18.582 E 12 50.558
16	Cham	D-93413	N 49 12.808 E 12 40.612
17	Falkenstein	D-93413	N 49 05.833 E 12 29.196
18	Saulburg	D-94344	N 48 59.355 E 12 32.756
19	Willerszell	D-94347	N 49 00.917 E 12 37.328
E	Straubing	D-94315	N 48 52.661 E 12 34.416

Die Übersicht ist fortlaufend nummeriert und enthält neben den Etappenpunkten zur Orientierung ggf. weitere Orte entlang der Route; Referenzsystem der GPS-Koordinaten: WGS84

1 — 14 km — St2141 / St2125

Vom Bahnhof Straubing 3 km auf der St2141 bis nach Hornstorf fahren, weiter 11 km geradeaus auf der St2125 – an Bogen vorbei.

Strecke: Viel befahrene Zubringerstraße durch die Donau-Niederung.

Info: Den Grafen von Bogen verdanken die Bayern ihre bekannten Landesfarben: Die weiß-blauen Rauten stammen ursprünglich aus dem Wappen dieses Adelsgeschlechts. Sehenswert ist die spätgotische Wallfahrtskirche auf dem 432 Meter hohen Bogenberg. Vom »Heiligen Berg« genießt man einen herrlichen Blick auf die Donau.

2 — 6 km — St2139

Beim Bogenberg vor der Straßenbrücke links abbiegen und 6 km auf der St2139 bis Hunderdorf.

Hotel-Tipp: Die motorradfreundliche Ferienpension Sandl in Bogen ist ein idealer Ausgangspunkt für Touren in den Bayerischen Wald. Ferienpension Sandl, Brandlberg 7, 94327 Bogen, Tel. 094 22/40 18 40, www.pension-sandl.de €

3 — 1,5 km — –

In Hunderdorf rechts abbiegen und 1,5 km bis nach Windberg fahren.

Tipp: Kerzenwallfahrt

Info: Seit dem 15. Jahrhundert gibt es die Wallfahrt auf den Bogenberg. Jedes Jahr zu Pfingsten wird eine 13 Meter hohe Kerze aus dem über 70 Kilometer entfernten Holzkirchen hierher getragen (www.kerzenwallfahrt.de).

Vom Bogenberg lassen sich der Gäuboden und die Donau gut überblicken.

4

4,5 km
–

In Windberg scharf links, nach 500 m wieder links und 4 km über Kreuzberg bis Untermühlbach.

Strecke: *Auf Nebenstrecken über die sanften Hügel des Vorwaldes.*

Restaurant-Tipp: Speisen unter gemütlichem Gewölbe kann man in der Windberger Richter- und Musikantenschänke.

Richter- und Musikantenschänke, Dorfplatz 13, 94336 Windberg, Tel. 0 94 22/40 13 33, www.musikschaenke.de

5

19 km
St2139

Kurz vor Untermühlbach links und durch den Ort. Nach 1 km an der zweiten Kreuzung rechts auf die St2139 und 18 km über Grün, St. Engelmar und Kollnburg bis Viechtach.

TOP TIPP *Strecke:* *Bei sportlichen Fahrern sehr beliebte, kurvige Bergstraße durch eine Bilderbuchlandschaft über den 1 048 m hohen Pröller.*

Info: In Kollnburg kann man bei Willi Schmid eine umfangreiche Zündapp-Sammlung und weitere Raritäten besichtigen. Vor Besuch am besten kurz anrufen, damit auch jemand zu Hause ist.

Motorradsammlung Willi Schmid, Sedlhofer Straße 20, 94262 Kollnburg, Tel. 099 42/23 10.

Dorfidylle in Windberg.

Tipp: Kollnburg

Restaurant- und Hotel-Tipp: Der gemütliche Hotel-Gasthof Zum Bräu in Kollnburg liegt an einer Traumstrecke und bietet Bikern alles, was sie brauchen: Trockenraum, Unterstellplatz, Schrauberecke, Reinigungsmöglichkeit – und gutes Essen.

Hotel-Gasthof Zum Bräu, Viechtacher Straße 6, 94262 Kollnburg, Tel. 099 42/948 50, www.zum-braeu.de €

6 · 4,5 km · B85

Vor Viechtach links auf die B85, der Bundesstraße 4,5 km Richtung Cham bis Prackenbach folgen.

7 · 8,5 km · –

Scharf rechts abbiegen und durch Prackenbach. 1 km nach Ortsende an der Straßengabelung links und 7,5 km Richtung Blaibach.

Strecke: Schmale, befestigte Fahrwege, teilweise Schotter.

8 · 7 km · St2140

Vor Blaibach rechts, 7 km auf der St2140 über Bad Kötzting bis Beckendorf fahren.

Strecke: Gut asphaltierte Hauptstraße am Regen entlang.

Restaurant-Tipp: Eines der süffigsten Biere des Bayerwalds kostet man beim Hersteller selbst – beim Lindner Bräu in Bad Kötzting.

Lindner Bräu, Weißenregener Straße 4, 93444 Bad Kötzting, Tel. 099 41/14 29, www.lindner-bier.de

9 · 8 km · St2138

In Beckendorf geradeaus dem Verlauf der Straße folgen, 8 km auf der St2138 bis Simpering.

A Höllensteinsee

Info: Bei Prackenbach nicht Richtung Blaibach fahren, sondern rechts nach Ruhmannsdorf/Grub abbiegen. Nach 1 km gelangt man an das idyllische Ufer des Höllensteinsees, zu dem der Schwarze Regen hier gestaut wird. Das Wasser ist zum Baden aber eher zu kalt.

Rast am malerischen Höllensteinsee.

10
8 km
–

In Simpering links, 8 km über Höllhöhe nach Neukirchen bei Heiligen Blut.

Strecke: Immer wieder herrliche Panoramablicke.

11
6 km
–

In Neukirchen bei Heiligen Blut rechts abbiegen und 6 km über Atzlern nach Rittsteig.

Info: Die Wallfahrt zur Madonna von Neukirchen bei Heiligen Blut zählt zu den bedeutendsten bayerischen Marienwallfahrten. Interessantes dazu erfährt man im Wallfahrtsmuseum im Ort.
Wallfahrtsmuseum, Marktplatz 10, 93453 Neukirchen, Tel. 099 47/94 08 23, www.neukirchen-online.de, Di–Fr 9–12 und 13–17 Uhr, Sa, So 10–12 und 13–16 Uhr.

12
10 km
–

In Rittsteig links, 1 km bis zur tschechischen Grenze und weitere 9 km bis Nýrsko fahren.

Strecke: Etwas buckeliger Straßenbelag. Jetzt geht es ins Böhmische!

13
3 km
190
191

In Nýrsko an der 190 rechts, 1 km bis zur Kreuzung mit der 191, hier links und 2 km Richtung Klatovy.

14 | 15 km | 192 | 22

Jetzt links auf die 192 abbiegen und der Straße (später 22) 15 km bis Kdyně folgen.

Strecke: Kleine Nebenstraßen mit Buckelasphalt, landschaftlich reizvoll.

15 | 6,5 km | 184

In Kdyně rechts abbiegen und 6,5 km auf der 184 bis Němčice fahren.

Strecke: Wunderschöne Strecke, mit spannenden Serpentinen gewürzt.

16 | 6 km | –

In Němčice links, 6 km auf Nebenstraßen an Oprechtice vorbei nach Nový Dvůr zur Straße 22.

Strecke: Kleinste Verbindungsstraßen, kaum Verkehr.

17 | 6 km | 22

Jetzt rechts auf die 22 abbiegen und der Straße 6 km bis Domažlice folgen.

Hotel-Tipp: Pension Tiffany ist eine kleine Hotel-Pension mit schön eingerichteten Zimmern im Zentrum der Stadt Domažlice.
Pension Tiffany, Kostelní 102, 34401 Domažlice, Tel. 004 20/602 39 66 66, www.tiffany.wz.cz €

Domažlice, das Zentrum der Choden.

Tipp: Domažlice

Info: In Domažlice (dt. Taus) geht es geschäftig zu. Das mittelalterliche Zentrum, das man durch ein Stadttor aus dem 13. Jahrhundert erreicht, zieht mit seinen langen Arkadengängen die Besucher an und lädt zum Shopping ein. Einen sehr schönen Blick weit über die Stadt hat man vom Chodenturm am Marktplatz.

18
4 km
193

In Domažlice links auf die 193 abbiegen, im Kreisel die erste Ausfahrt nehmen und 4 km bis zur T-Kreuzung mit der 26.

19
14 km
26
B20

Hier links, 10 km auf der 26 zum Grenzübergang Folmava und weitere 4 km auf der B20 bis Furth.

Strecke: Guter Straßenzustand, aber viel Verkehr.

20
24 km
B20

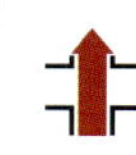

Geradeaus durch Furth, auf der B20 bleiben und der Bundesstraße 24 km bis kurz vor Cham folgen.

Strecke: Verkehrsreiche Bundesstraße.

Info: Das Erste Deutsche Drachenmuseum befindet sich im Landestormuseum in Furth. Ein Erlebnis nicht nur für Fantasy-Fans!
Landestormuseum, Schlossplatz 4, 93437 Furth, Tel. 099 73/80 25 85, www.drachenmuseum.de

Event-Tipp: Ein Riesenspektakel ist der traditionelle Drachenstich in den ersten zwei Augustwochen. Beim Volksschauspiel und Historienzug rollt ein 18 Meter langes Ungetüm feuerspeiend über den Marktplatz von Furth im Wald (www.drachenstich.de).

Ein Spektakel: Der Further Drachenstich.

21 2 km B20 (B85)

Hinter dem Ortsteil Chammünster nach der Brücke rechts und auf die B20/B85 Richtung Straubing, dann 2 km bis zur übernächsten Abfahrt.

22 0,5 km B20

Hier rechts ab in Richtung Straubing und 0,5 km – weiterhin auf der B20 – bis zum Kreisel.

23 19 km St2146

Im Kreisel die 1. Ausfahrt nehmen und auf der St2146 in Richtung Schorndorf fahren, 19 km über Michelsneukirchen nach Falkenstein.

Strecke: Wieder zurück ins Kurvenparadies.

Info: Die im 11. Jahrhundert errichtete Burg Falkenstein thront auf einem 628 Meter hohen Granitfels über dem Ort. Allein wegen der weiten Aussicht von hier oben lohnt sich ein Besuch. Aber auch ein Spaziergang durch den schönen, unter Naturschutz stehenden Schlosspark ist nach langer Fahrt ein entspannendes Erlebnis.

Event-Tipp: Im Juni/Juli wird der Innenhof von Burg Falkenstein zur Theaterbühne der Burghofspiele (www.markt-falkenstein.de).

Nur wenige der alten Holzhäuser sind im Bayerischen Wald noch erhalten geblieben.

24
16 km
St2148

In Falkenstein links halten, der Bahnhofstraße zur St2148 folgen und auf ihr 16 km in Richtung Wiesenfelden bis Saulburg fahren.

Strecke: Fahrt durch das Dreiburgenland.

25
9 km
–

In Saulburg links abbiegen, 6,5 km nach Falkenfels. Im Ort links auf die Hochstraße und 2,5 km über Riederszell und Willerszell bis zur St2147.

Strecke: Gemütliches Ausschwingen auf den Hügeln des Vorwaldes.

26
19 km
B20

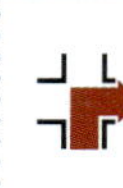

Jetzt rechts abbiegen, nach 1,5 km links und dann rechts auf die B20 auffahren. Der Bundesstraße 17,5 km nach Straubing folgen.

Event-Tipp: Das Gäubodenfest in Straubing ist das zweitgrößte Volksfest Bayerns und wird alljährlich Mitte August gefeiert. Es bietet fast genauso viele Bierzelte und Fahrgeschäfte wie das Münchner Oktoberfest, besticht dabei aber durch seine authentische und eher untouristische Atmosphäre (www.volksfest-straubing.de).

Den Fluss entlang

Regensburg, Kötzting, den Regen entlang

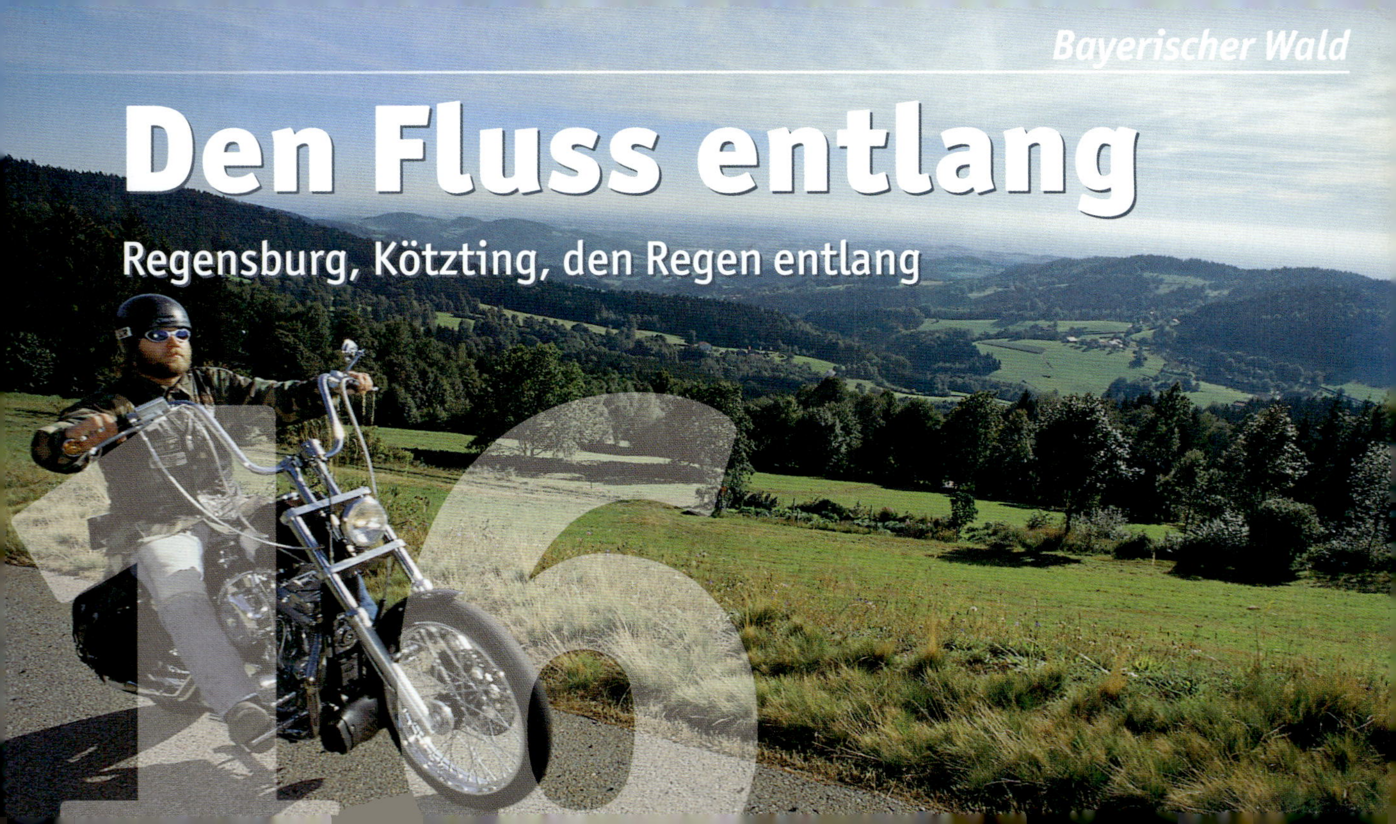

(A) Ausgangsort
Regensburg (93047)

(E) Zielort
Regensburg (93047)

199 km

 ★★★   ★★

Straßentypen (in Prozent der Streckenlänge)

80	20

■ Landstraße/asphaltierte Nebenstraße
■ Bundesstraße/Schnellstraße

Diese Tour können Sie mit Route 12 kombinieren.

Tourist-Information
Altes Rathaus
Rathausplatz 3
D–93047 Regensburg
Tel. 09 41/507 44 10
www.regensburg.de

(→ *weitere Adressen siehe Seite 187*)

Die Altstadt von Regensburg, das römische Castra Regina, ist der Startpunkt unserer Tour entlang des Flusses Regen, der das Wasser des Bayerischen Waldes zur Donau bringt. Landschaftsgenuss steht im Vordergrund dieser eher gemütlichen Rundstrecke, bei der wir die westlichen Ausläufer des Bayerischen Waldes streifen. Auf gewundenen Nebenstrecken gelangen wir zurück ins Donautal.

Route 16
A93
Teublitz
Haidhof
B15
St2145
Marienthal
Stefling
St2149
Nittenau
3
Muckenbach
Heilinghausen
St. Johann
Bodenstein
B16
St2149
St2149
Walderbach
Neubäu
4
Altenkreith
B85
Roding
B16
Regen
Cham
B20
Runding
Ramsried
Lederdorn
Chammünster
Chamerau
Scharlau
B85
St2138
Hohenwart
St2132
Kötzting
B85
6
Blaibach
Weißenregen
Miltach
5
St2140
Hafenberg
St20
Blaibacher See
Ramspau
St2149
A93
2
Regenstauf
Wolferszwing
Süssenbach
Bernhardswald
Wenzenbach
Zeitlarn
B16
B15
Schweinsberg
Falkenstein
Zinzenzell
Eckerzell
Rettenbach
Engelbarzell
Hötzelsdorf
Wiesenfelden
Rattiszell
Weihern
B20
Utzmannsdorf
Roßbach
Zell
Trasching
Schondorf
Neuhaus
Michelsneukirchen
Weigelsberg
Obergschwandt
Höllensteinstausee
Höllenstein
7
B85
St2139
Amesberg
Oberrubendorf
10
Rugermühle
8
11
St2326
Prackenbach
9
Viechtach
Rattenberg
Siegersdorf
Konzell
Schwaben
Steinachern
St2140
Kolmberg
Kolmburg
St2139
B85
SR40
12
Klinglbach
Elsabethszell
13
SR40
Maibrunn
Allersdorf
Grün
St. Englmar
Top Tipp
SR13
Obermühlbach
Achslach
Walhalla
Donaustauf
19
Sulzbach
Bach
St2125
Kruckenburg
B15
B8
E
A
1
A93
Regensburg
B8
Neutraubling
A3
E56
St2146
Wiesent
Wörth a.d. Donau
Hofdorf
18
Tiefenthal
Pillnach
17
Saulburg
St2148
16
Ascha
Haselbach
B20
Mitterfels
15
Neukirchen
14
Steinburg
St2139
St2147
Windberg
A3
E56
Bogen
Donau
St2125
Pfatter
Kirchroth
Münster
Agendorf
Parkstetten
B20
B8
Rain
Mötzing
Straubing
Frankfurt
SÜD-DEUTSCHLAND
TSCHECH. REP.
Mainz
Saarbrücken
Stuttgart
München
FRANKREICH
SCHWEIZ
ÖSTERREICH
Route
5 km

Tour-Stationen auf einen Blick

Tourlänge: 199 km

Nr.	Ort	PLZ	GPS-Koordinaten
(A)	Regensburg	D-93047	N 49 00.841 E 12 06.637
2	Regenstauf	D-93128	N 49 07.648 E 12 07.828
3	Nittenau	D-93149	N 49 12.048 E 12 16.649
4	Roding	D-93426	N 49 12.457 E 12 28.972
5	Miltach	D-93426	N 49 09.528 E 12 45.707
6	Weißenregen	D-93444	N 49 09.775 E 12 50.116
8	Rugenmühle	D-94234	N 49 05.847 E 12 53.262
9	Viechtach	D-94234	N 49 04.194 E 12 53.045
10	Oberrubendorf	D-94267	N 49 05.991 E 12 48.662
12	Rattenberg	D-94371	N 49 05.530 E 12 44.296

Nr.	Ort	PLZ	GPS-Koordinaten
11	Klinglbach	D-94379	N 49 01.540 E 12 47.822
12	Grün	D-94250	N 49 00.757 E 12 47.569
13	Elisabethszell	D-94250	N 49 01.658 E 12 44.813
14	Neukirchen	D-94424	N 48 58.420 E 12 45.101
15	Steinburg	D-94336	N 48 57.816 E 12 44.337
16	Mitterfels	D-94360	N 48 58.735 E 12 40.911
17	Ascha	D-94437	N 48 59.856 E 12 38.146
18	Saulburg	D-94344	N 48 59.350 E 12 32.700
19	Hofdorf	D-93086	N 48 59.299 E 12 27.194
(E)	Regensburg	D-93047	N 49 00.841 E 12 06.637

Die Übersicht ist fortlaufend nummeriert und enthält neben den Etappenpunkten zur Orientierung ggf. weitere Orte entlang der Route; Referenzsystem der GPS-Koordinaten: WGS84

1 · 14 km · B15

Regensburg Richtung Norden – über die Donau – auf der B15 verlassen, 14 km bis nach Regenstauf.

Hotel-Tipp: Elegant und sehr zentral kann man im Hotel Orphée nahe der Steinernen Brücke übernachten.

Hotel Garni Orphée, Untere Bachgasse 8, 93047 Regensburg, Tel. 09 41/59 60 20, www.hotel-orphee.de €€

2 · 21,5 km · St2149

In Regenstauf rechts auf die St2149, dann 21,5 km über Marienthal bis Nittenau.

Strecke: Schöne Strecke am Regen entlang.

Restaurant-Tipp: Malerisch am Regen liegt der Traditionsgasthof Marienthal mit Biergarten. Lecker und frisch: Fisch und Wild.

Gasthof Marienthal, 93128 Marienthal 3, Tel. 094 36/900 47, www.gasthofmarienthal.de

3 · 17 km · St2149 B16

In Nittenau über den Regen, jetzt zweimal rechts in die Walderbacherstraße (St2149) und über Walderbach 14 km bis zur B16. Hier rechts abbiegen und 3 km Richtung Roding bis zur B85.

Tipp: Regensburg

Info: Im Sommer durchströmt italienisches Flair die verwinkelten Gassen der Regensburger Altstadt. Top-Attraktionen sind der Regensburger Dom, die Steinerne Brücke, das Alte Rathaus sowie Schloss Thurn und Taxis. Den viel besungenen Regensburger Strudel erlebt man aus nächster Nähe bei einer Strudelfahrt über die Donau. Tickets gibt es an der Steinernen Brücke (www.regensburg.de).

Wahrzeichen Regensburgs: die Steinerne Brücke.

4

31 km

B85

Rechts auf die B85 und 17,5 km Richtung Cham. Dann rechts abfahren auf die B85/20 und nach 3,5 km die nächste Ausfahrt rechts. Jetzt 10 km auf der B85 an Chamerau vorbei bis Miltach.

Strecke: Viel Verkehr auf der sogenannten Ostmarkstraße.

Info: Der Harley-Shop in Zandt, 4 km westlich von Miltach, ist eine Top-Adresse für Harley-Umbauten und Motortuning.
Harley-Shop, Sportplatzstraße 12, 93499 Zandt, Tel. 099 44/27 33.

Restaurant- und Hotel-Tipp: Das Hotel am See liegt in Neubäu bei Roding. Garagen- und Tiefgaragenstellplätze sind vorhanden. Im Restaurant werden Oberpfälzer Schmankerln serviert.
Hotel am See, Seestraße 1–3, 93426 Roding-Neubäu, Tel. 094 69/341, www.hotel-schiessl.de €€

5

6 km

St2140

Vor Miltach links abbiegen, durch den Ort und 6 km auf der St2140 Richtung Bad Kötzting fahren.

Strecke: Gut ausgebaute Landstraße weiter am Regen entlang.

Event-Tipp: Seit bald 600 Jahren findet am Pfingstmontag der Kötztinger Pfingstritt mit über 900 Reitern statt (www.koetzting.de).

Tipp: Kanutour auf dem Regen

Info: Ein tolles Sommererlebnis ist eine Kanutour auf dem Regen. Boote vermietet u. a. der Kanuverleih Zankl in Miltach – hier stellt man auch sein Motorrad ab. Bustransfer zum »Stapellauf« am Blaibacher See. Paddeln kann jeder auch ohne Vorkenntnisse, Streckenkarten gibt der Bootsverleiher aus. In der Hauptsaison sollte man unbedingt vorab reservieren.
Kanuverleih Zankl, Tiefental 12, 93468 Miltach, Tel. 099 44/28 23, www.kanuverleih-zankl.de

Blick vom Kaitersberg, dem Kötztinger Hausberg.

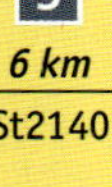

6 — 8 km — -

Kurz nach dem Blaibacher See rechts und gleich wieder links – durch Weißenregen. Hinter dem Ort rechts und 7 km auf kleiner Straße über Hafenberg und Höllenstein bis zum Abzweig nach Viechtach.

Strecke: Traumhaftes, schmales Teerband durch das Regental.

7 — 3,5 km — St2139

Jetzt rechts auf die St2139 abbiegen, 3,5 km bis zum Abzweig nach Rugenmühle fahren.

8 — 2 km — -

Erneut rechts abbiegen und 2 km weiter bis nach Viechtach fahren.

Strecke: Brücke über den malerischen Regen.

Restaurant- und Hotel-Tipp: Der Hotel-Gasthof Zum Bräu in Kollnburg, 5 km südlich von Viechtach, bietet Bikern neben gutem Essen und einem Wellness-Bereich alles, was sie sonst noch brauchen: Trockenraum, Unterstellplatz, Werkzeug sowie Reinigungsmöglichkeit. Hotel-Gasthof Zum Bräu, Viechtacher Straße 6, 94262 Kollnburg, Tel. 099 42/948 50, www.zum-braeu.de €

9 · 6 km · B85

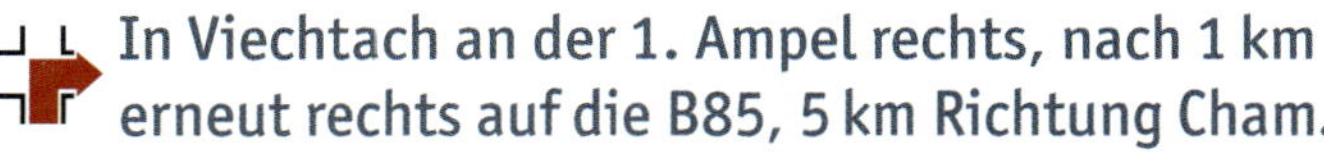

In Viechtach an der 1. Ampel rechts, nach 1 km erneut rechts auf die B85, 5 km Richtung Cham.

10 · 6 km · St2326

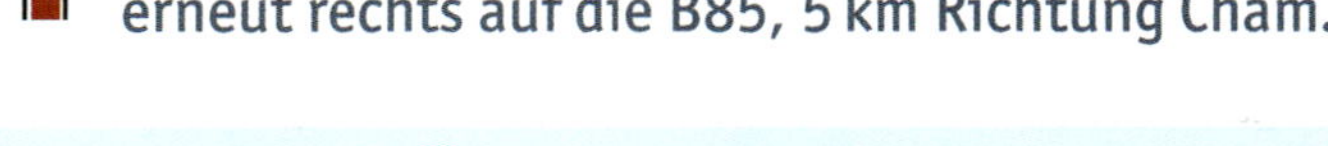

Bei Oberrubendorf links auf die St2326 und 6 km bis zum Abzweig Rattenberg.

11 · 10 km · –

Jetzt links hinein nach Rattenberg und über Siegersdorf und Kolmberg 10 km bis Klinglbach.

Strecke: Enge Straßen schlängeln sich durch Dörfer und Weiler.

12 · 8 km · SR40

In Klinglbach links, 2 km auf der SR40 in Richtung Grün. Hier rechts abbiegen und 6 km – weiter auf der SR40 – nach Elisabethszell fahren.

Strecke: Kurvige Nebenstrecken.

Event-Tipp: Kurvenspaß der anderen Art bietet die Sommerrodelbahn am Egidi-Buckel in St. Englmar, 3 km östlich von Grün. Auf der 2 000 Meter langen Bahn geht es vor herrlicher Bergkulisse rasant bergab. Am Egidi Buckel, Grün 10, 94379 St. Englmar, Tel. 099 65/1203, www.sommerrodeln.de, Frühjahr–Herbst tgl. 10–18 Uhr.

Tipp: Waldwipfelweg Maibrunn

TOP TIPP ✺**Info:** Ein spannendes Naturerlebnis bietet der Waldwipfelweg in Maibrunn bei St. Englmar. Auf einem 370 Meter langen Holzsteg wandelt man in luftiger Höhe über den Baumkronen des Bayerischen Waldes. Kurz hinter Grün ausgeschildert. Waldwipfelweg, Maibrunn 2a, 94379 St. Englmar, Tel. 099 65/800 87, www.waldwipfelweg.de, ganzjährig geöffnet.

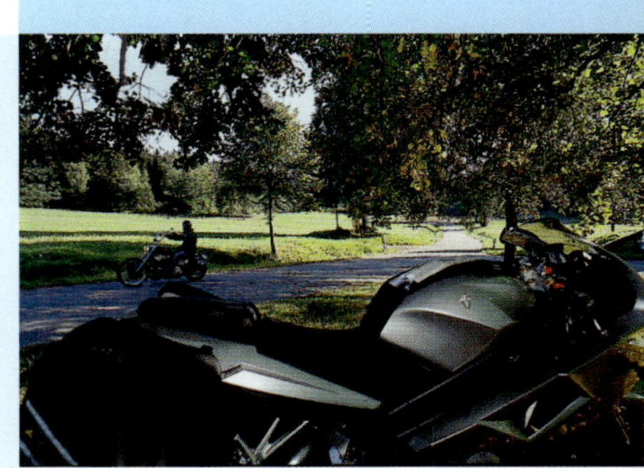

Grün ist's rund um Grün.

13 — 8,5 km — SR13 / St2139

In Elisabethszell links auf die SR13 und 7 km bis nach Neukirchen. Hier an der T-Kreuzung rechts und 1,5 km auf der St2139 nach Steinburg.

Strecke: Bei den lokalen Schräglagenmatadoren sehr beliebte Strecke.

14 — 6 km — St2147

Im Kreisel bei Steinburg die 1. Ausfahrt rechts und 6 km auf der St2147 Richtung Mitterfels fahren.

Strecke: Gewundenes Sträßchen durch waldreiche Kulturlandschaft.

15 — 5 km — St2147

Vor Mitterfels rechts, nach 500 m links auf die St2147 und 4,5 km bis nach Ascha.

16 — 9,5 km — –

Links in den Ort Ascha. Hier rechts halten und auf der Falkenfelser Straße die B20 überqueren, dann 9 km bis Saulburg.

Strecke: Entspanntes Schwingen über die Wellen des Vorwaldes.

17
8,5 km
–

In Saulburg geradeaus und auf kleinen Straßen 8,5 km über Pillnach bis Hofdorf fahren.

Strecke: Die letzten Kurven dieser Tour führen zur Donauebene.

18
20,5 km
St2125

In Hofdorf rechts auf die St2125 und der Straße 20,5 km über Wörth bis Donaustauf folgen.

Strecke: Parallel zur Autobahn durchs Donautal.

19
8 km
St2125

Geradeaus durch Donaustauf, 8 km zurück bis Regensburg auf der St2125.

Strecke: Verkehrsreiche Zubringerstraße zum Autobahnring.

Info: Die Walhalla ist ein monumentaler, klassizistischer Ruhmestempel über der Donau, in dem sich 128 Marmorbüsten bedeutender deutscher Persönlichkeiten befinden. Fast interessanter ist jedoch der Ausblick von hier oben über die Donauebene – vor allem bei Sonnenuntergang. In Donaustauf der Beschilderung zur Walhalla einen Kilometer folgen. Vom Parkplatz sind es noch gut fünf Minuten zu Fuß bis zum Monument (www.walhalla-regensburg.de).

Weiter Blick über die Donau von der Walhalla.

NÜTZLICHE ADRESSEN

Route 1 (→ *siehe Seite 8*)

Tourist-Info Wolfach/Oberwolfach
Hauptstraße 41
D-77709 Wolfach
Tel. 078 34/83 53 53
wolfach@wolfach.de
www.wolfach.de

Tourist-Information Schiltach
Marktplatz 6
D-77761 Schiltach
Tel. 078 36/58 50
touristinfo@schiltach.de
www.schiltach.de

Route 2 (→ *siehe Seite 20*)

ZweiTälerLand Tourismus
Im Bahnhof Bleibach
D-79261 Gutach im Breisgau
Tel. 076 85/194 33
waldkirch@zweitaelerland.de
www.zweitaelerland.de

Tourist-Info Dreisamtal
Hauptstraße 24
D-79199 Kirchzarten
Tel. 076 61/90 79 80
tourist-info@dreisamtal.de
www.dreisamtal-schwarzwald.de

Route 3 (→ *siehe Seite 30*)

Tourist-Information Gutach
Hauptstraße 38

Tel. 078 33/93 88 50
tourist-info@gutach-schwarzwald.de
www.gutach-schwarzwald.de

Ferienland im Schwarzwald
Tourist-Information Triberg im
Schwarzwaldmuseum
Wallfahrtstraße 4
D-78098 Triberg im Schwarzwald
Tel. 077 22/86 64 90
tourist-info@triberg.net
www.dasferienland.de

Route 4 (→ *siehe Seite 42*)

Tourist-Information Todtmoos
Wehratalstraße 19
D-79682 Todtmoos
Tel. 076 74/906 00
info@todtmoos.net
www.todtmoos.de

Touristinfo Bonndorf
Martinstraße 5
D-79845 Bonndorf
Tel. 077 03/76 07
touristinfo@bonndorf.de
www.wutachschlucht.de

Route 5 (→ *siehe Seite 54*)

Tourismus GmbH
zwischen Feldberg & Belchen
Meinrad-Thoma-Straße 21
D-79674 Todtnau

todtnauberg@todtnauer-ferienland.de
www.todtnauer-ferienland.de

Feldberg Touristik
Kirchgasse 1
D-79868 Feldberg
Tel. 076 55/80 19
tourist-info@feldberg-schwarzwald.de
www.feldberg-schwarzwald.de

Route 6 (→ *siehe Seite 64*)

Tourismus GmbH Bad Säckingen
Waldshuter Straße 20
D-79713 Bad Säckingen
Tel. 077 61/568 30
tourismus@bad-saeckingen.de
www.bad-saeckingen.de

Tourist-Info Wehr
Hauptstraße 14
D-79644 Wehr
Tel. 077 62/80 86 01
tourist-info@wehr.de
www.wehr.de

Route 7 (→ *siehe Seite 76*)

Isny Marketing GmbH
Unterer Grabenweg 18
D-88316 Isny im Allgäu
Tel. 075 62/97 56 30
info@isny-tourismus.de
www.isny.de

Kurverwaltung Bad Wurzach/Allgäu

D-88410 Bad Wurzach/Allgäu
Tel. 075 64/30 21 50
info@bad-wurzach.de
www.bad-wurzach.de

Route 8 (→ *siehe Seite 84*)

Arbeitsgemeinschaft Hegau Touristik
Hohgarten 4 (Stadthalle)
D-78224 Singen
Tel. 077 31/852 62
tourist-info.stadt@singen.de
www.hegau.de

Tourist-Information Reichenau
Pirminstraße 145
D-78479 Insel Reichenau
Tel. 075 34/920 70
info@reichenau-tourismus.de
www.reichenau.de

Route 9 (→ *siehe Seite 94*)

Füssen Tourismus und Marketing
Kaiser-Maximilian-Platz 1
D-87629 Füssen
Tel. 083 62/938 50
tourismus@fuessen.de
www.tourismus-fuessen.de

Tourismusverband Ammersee-Lech e.V.
Hauptplatz 152
D-86899 Landsberg am Lech
Tel. 081 91/12 82 47
info@ammerseelech.de

Tourist Information Steingaden
Krankenhausstraße 1
D-86989 Steingaden
Tel. 088 62/200
tourist-info@steingaden.de
www.steingaden.de

Route 10 (→ *siehe Seite 106*)

Kloster Andechs
Bergstraße 2
D-82346 Andechs
Tel. 081 52/37 60
info@andechs.de
www.andechs.de

**Tourismusverband
Ammersee-Lech e. V.**
Hauptplatz 152
D-86899 Landsberg am Lech
Tel. 081 91/12 82 47
info@ammerseelech.de
www.ammerseelech.de

Tourist-Info-Dießen
Bahnhofstraße 12
D-86911 Dießen am Ammersee
Tel. 088 07/10 48
info@diessen.de
www.tourist-info-diessen.de

Route 11 (→ *siehe Seite 118*)

Gäste-Information Rathaus Wasserburg/Inn
Marienplatz 2 (Eingang Salzsenderzeile)
D-83512 Wasserburg am Inn
Tel. 080 71/105 22
touristik@stadt.wasserburg.de
www.wasserburg.de

Tourist-Information Reit im Winkl
Dorfstraße 38
D-83242 Reit im Winkl
Tel. 086 40/800 27
info@reitimwinkl.de
www.reitimwinkl.de

Route 12 (→ *siehe Seite 130*)

Gäste-Information Rathaus Wasserburg/Inn
Marienplatz 2 (Eingang Salzsenderzeile)
D-83512 Wasserburg am Inn
Tel. 080 71/105 22
touristik@stadt.wasserburg.de
www.wasserburg.de

Landshuter Marketing & Tourismus
Altstadt 315
D-84028 Landshut
Tel. 08 71/92 20 50
tourismus@landshut.de
www.landshut.de

Route 13 (→ *siehe Seite 142*)

Regensburg Tourismus GmbH
Rathausplatz 3
D-93047 Regensburg
Tel. 09 41/507 44 10
tourismus@regensburg.de
www.tourismus.regensburg.de

Tourist-Information der Stadt Nördlingen
Marktplatz 2
D-86720 Nördlingen im Ries
Tel. 090 81/841 16
tourist-information@noerdlingen.de
www.noerdlingen.de

Route 14 (→ *siehe Seite 154*)

Touristisches Service Center Landkreis Regen
Amtsgerichtstraße 6–8
D-94209 Regen
Tel. 099 21/960 50
info@touristisches-service-center.de
www.bayerischer-wald.info

Touristinfo Zwiesel
Stadtplatz 27
D-94227 Zwiesel
Tel. 099 22/84 05 23
touristinfo@zwiesel.de
www.zwiesel-tourismus.de

Route 15 (→ *siehe Seite 164*)

Tourist-Info Furth im Wald
Schlossplatz 1
D-93437 Furth im Wald
Tel. 099 73/509 80
tourist@furth.de
www.furth.de

Tourist-Information Cham
Propsteistraße 46
D-93413 Cham
Tel. 099 71/80 34 93
tourist@cham.de
www.cham.de

Route 16 (→ *siehe Seite 176*)

Tourist-Information Rattenberg
Dorfplatz 15
D-94371 Rattenberg
Tel. 099 63/94 10 30
tourist-information@rattenberg.de
www.rattenberg.de

Tourist-Information Viechtach
Stadtplatz 1
D-94234 Viechtach
Tel. 099 42/16 61
tourist-info@viechtach.de
www.viechtach-tourismus.com

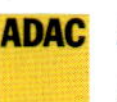

ADAC Pannenhilfe aus dem Festnetz: 018 02 / 22 22 22 (*bundesweit 6 Cent/Anruf*)
ADAC Pannenhilfe aus dem Mobilfunknetz: 22 22 22 (*aus allen Netzen, Tarif abhängig vom Mobilfunkanbieter*)
Informationen ADAC Fahrsicherheitstraining: 018 05 / 12 10 12 (*14 Cent/Min.*)

www.adac.de/motorrad
www.adac.de/motorradtouren

REGISTER

A

Abtei Metten 163
Aha 51
Aischfeld 13
Albbruck 65
Albtal 65, 72
Alpirsbach 13
Alpirsbacher Kloster 14
Altglashütte 26, 52
Altmühl 143, 147 f
Altmühlsee 147
Altmühltal 142 f, 149 ff
Amerang 123
Ammersee 106, 113 ff
Aschau 128
Au i. d. Hallertau 138
Augsburg 98 f

B

Bad Säckingen 69
Badische Staatsbrauerei Rothaus 68, 75
Bärental 60
Basel 71
Bayertor (Landsberg) 101
Bayerisch Eisenstein 162
Beilngries 150, 153
Belchen 54, 61
Benediktinerkloster
Blaubeuren 81
Benediktinerkloster Weingarten 93

Bernautal 42, 51
Bernried 112
Bert-Brecht-Haus (Augsburg) 98
Biberach 82
Bienenmuseum (Münstertal) 62
Birnau 90
Blaibacher See 181
Blaubeuren 81
Blaubeurer Alb 76
Blautopf 81
Bodensee 85, 90
Bogen 168
Bogenberg 168
Böhmen 161
Brandenkopf 17
Brannenburg 128
Brauerei-Museum (Beilngries) 150
Breg 35
Bregquelle 38
Bregtal 37
Brigach 35 f
Brigachquelle 35
Brombachtalsperre 147
Buchenbach-Himmelreich 59
Buchheim-Museum (Bernried) 112
Burg Falkenstein 174
Burg Prunn (Riedenburg) 151 f
Burg Teck 80

Bürgermeister-Müller-Museum (Solnhofen) 148
Burgmuseum (Meersburg) 91
Burgruine Albeck 13
Burgruine Hohenschramberg 41
Burgruine Hohentwiel 88
Burgruine Waldau (Königsfeld) 34
Burgruine Weißenstein 159

C

Carlsbau (Glottertal) 24
Chiemgau 118 f
Chiemsee 118 f, 124 f
Chodenturm (Domažlice) 172
Christophstal 12

D

Daniel (Nördlingen) 146
Deggendorf 154, 158
Dt. Alpenstraße 104, 126
Dt. Hopfenstraße 131, 138
Deutsche Uhrenstraße 15, 41
Deutsches Hopfenmuseum (Wolnzach) 138
Deutsches Uhrenmuseum (Furtwangen) 38
Dießen 114
Dietlingen 74
Dix, Otto 88
Döggingen 47
Dom St. Blasius 50

Donau 31, 38, 148, 168, 177, 185
Donaueschingen 38, 47
Dorfen 135
Dorotheenhütte (Wolfach) 17
Drachenstich 173
Drachenmuseum (Furt) 173
Dreiburgenland 175
Droste-Hülshoff, Annette von 91
Droste-Museum (Meersburg) 91
Dürmbachhorn 126

E

Eble-Uhren-Park (Triberg) 39
EFA-Automobil-Museum (Amerang) 123
Eggstätt 124
Ehingen 82
Eichstätt 149
Elz-Tal 39
Englischer Garten (München) 141
Erding 131, 140
Erdmannshöhle 70
Erlenbach 59
Essing 152
Esslingen 149

F

Fahl 60
Falkensteig 59

Feldberg 46, 54, 60
Fohrenbachmühle 73
Forggensee 105
Frauenau 161
Frauenchiemsee 125
Freiburg 21, 29, 58
Freilichtmuseum Vogtsbauernhof 40 f
Freising 131
Freudenstadt 9, 11, 19
Friedrichshafen 92
Fuggerei (Augsburg) 98
Fünfseenland 106
Furth im Wald 173
Furtwangen 38

G

Gähnender Stein 13
Gauchach 47
Gauchachschlucht 47 f
Glaswaldsee 18
Glatttal 12 f
Glottertal 20, 24
Grafenhausen 75
Grassau 127
Grube Wenzel (Oberwolfach) 17
Gugelturm 70
Gunzenhausen 146
Gutach (Ort) 40
Gutach (Fluss) 39 f
Gutachtal 40

H

Haag 135, 139
Hachelstuhl 137
Hallertau/Holledau 130, 138
Harburg 146
Hasel 70
Hegau-Museum (Singen) 88
Heilig-Grab-Kirche (Deggendorf) 158
Heimatmuseum Hüsli 75
Herrenchiemsee 125
Herrsching 115 f
Herzogenhorn 51
Hexenloch 20 f
Hexenlochmühle (Altglashütte) 26
Hexental 63
Hochrhein 71
Hochrheintal 64, 71
Hohentwiel 88
Hoher Dom (Augsburg) 98
Höllensteinsee 165, 170
Höllental 58 f
Holzschlägermatte 58
Horben-Bohrer 58
Hornberg 40
Hornberger Schlossruine 40
Hotzenwald 64

I

Ilkahöhle 111
Imaginäres Museum
(Wasserburg) 123

IMPRESSUM

Autoren

Christoph Berg: (Touren 1–6)
Claus Georg Petri: (Tour 7)
Petra Balzer: (Touren 8–13)
Manfred Probst: (Touren 14–15)

Impressum

Ein ADAC Motorradführer in Zusammenarbeit mit dem Bruckmann Verlag
Neu bearbeitete Auflage 2010
© 2009 Bruckmann Verlag GmbH, München (Inhalte)
© 2009 ADAC Verlag GmbH, München (Konzept und Gestaltung)
Projektleitung: Dr. Hans-Joachim Völse
Produktmanagement: Jens van Rooij, Claudia Hohdorf
Lektorat: Stefan Feldhoff, Feldhoff & Martin, Merxleben
Covergestaltung: Parzhuber und Partner, München
Layout/Satz: Eva Klaffenböck, grafikatelier luk, München
Kartografie: Anneli Nau, nau-kartoGraphik, München
Repro: Cromika s.a.s., Verona; Herstellung: Thomas Fischer
Printed in Italy by Printer Trento S.r.l.
ISBN: 978-3-89905-762-1

Bildnachweis

Coverbild: Christoph Berg
Fotos im Innenteil: Christoph Berg: 4 (l+r), 5 (l+M), 8–74 (außer siehe weitere Bilder); Claus Georg Petri: 76–83; Hans-Joachim Arndt: 6 (l+r), 84, 91, 93, 94, 98, 100, 101; Petra Balzer: 6 (M), 88, 105; Nick Lass: 4 (M), 7, 106– 153 (außer siehe weitere Bilder); Manfred Probst: 154–185 (außer siehe weitere Bilder); Arthur Brecheisen: 5 (r). Weitere Bilder im Innenteil: 9 (M), 14: Tourist Information Alpirsbach; 27: Hochschwarzwald Tourismus GmbH; 48: © Volker Innig/PIXELIO; 50: Stadt St. Blasien; 75 (o): Rothauser Land; 75 (u): Badische Staatsbrauerei Rothaus AG; 92: Zeppelin Museum Friedrichshafen; 102: © Rainer Sturm/PIXELIO; 103 (o): © Christine Braune/PIXELIO; 103 (u): Bayern Tourismus Marketing GmbH; 113: © Anton Funzel/PIXELIO; 116: © Sigrid Christl/PIXELIO; 122: Elke E. Rampfl-Platte/Panthermedia; 136: Hans Eder/Panthermedia; 137: © Stefan Bücker/PIXELIO; 151: © Albrecht E. Arnold/PIXELIO; 152: © Norbert Leipold/PIXELIO; 153: © Albrecht E. Arnold/PIXELIO; 173: Bayern Tourismus Marketing GmbH.

Zuschriften an

ADAC Verlag GmbH, 81365 München
tourbooks-motorrad@adac.de

Alle Rechte vorbehalten. Reproduktionen, Speicherung in Datenverarbeitungsanlagen, Wiedergabe auf elektronischen, fotomechanischen oder ähnlichen Wegen nur mit der ausdrücklichen Genehmigung des Copyright-Inhabers.

Alle Fakten wurden nach bestem Wissen und Gewissen mit der größten möglichen Sorgfalt recherchiert. Redaktion und Verlag können jedoch nicht für absolute Richtigkeit und Vollständigkeit der Angaben Gewähr leisten. Der Verlag ist für alle Hinweise und Verbesserungsvorschläge jederzeit dankbar.

Für Ihren Urlaub: Die Reisemagazine vom ADAC.